からだの筋肉

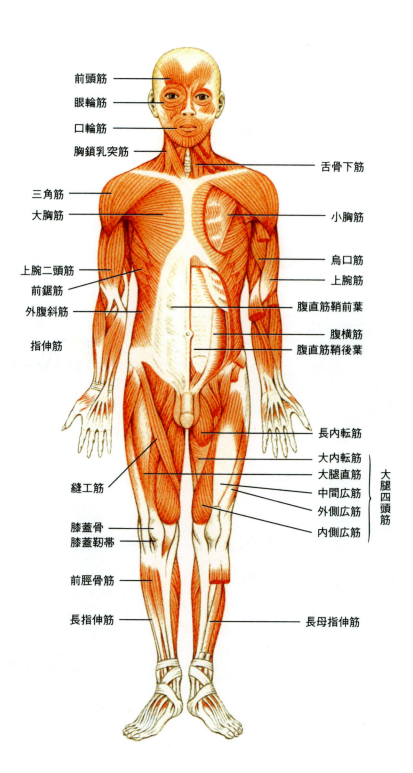

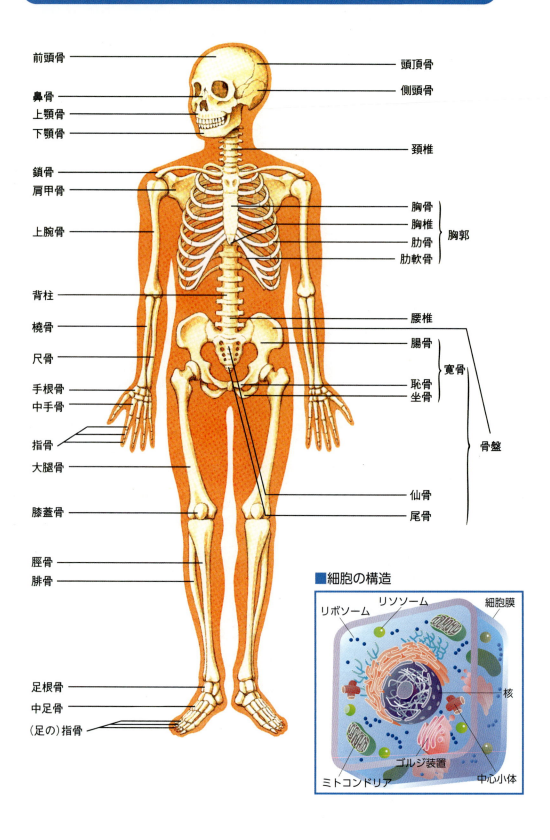

「医療経営士」基礎力UP講座

医療経営士が知っておきたい
医学の基礎知識

上塚芳郎　東京女子医科大学附属成人医学センター所長

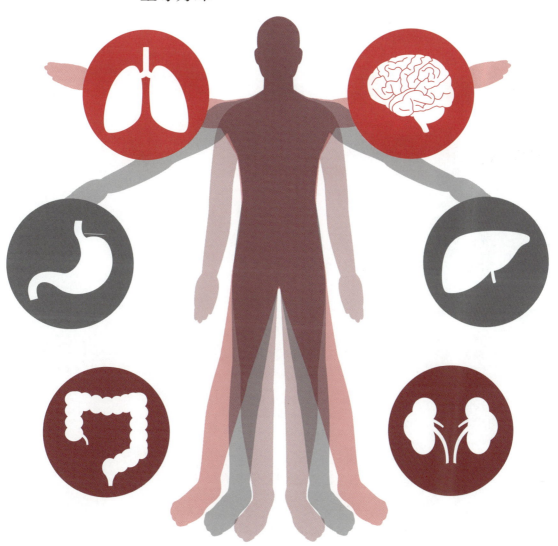

日本医療企画

はじめに

　「医療経営士」の資格受験者が増えています。「医療経営士」を目指す方の中には医療職でない方も多いので、人体の解剖や病気の一般的な知識についてもっと知りたい、あるいはイメージがわかないのでわかりやすく説明してほしいという要望がありました。本書はそうした声に応える形で執筆いたしました。

　と同時に、「医療経営士」受験とは関係なく、人体に関する基本的な知識や病気の診断法についての簡単な知識を得るにも本書は最適ではないかと思います。もちろん、限られた紙幅の中に何もかも詰め込むわけにはいきませんでしたので、あくまでミニマムな知識を得るのが目的ではあります。しかし、本書を一読すれば、人体および代表的な疾患についてのひととおりの知識は身につけられるものと思います。

　本書の特徴は、図やコラムをふんだんに使い、平易なことばで最近の新しい医療技術について解説を加えたことです。また、生物学的な医学の解説にとどまらず、医療制度や医師が患者に対してどのように接するべきか、インフォームド・コンセントとはどういうことかなどについてもできるだけ触れるようにしました。

　ご承知のとおり、超高齢社会の進展等により、わが国の社会保障給付費は増加の一途をたどっています。これに拍車をかけているのは、医療技術の高度化および新規医薬品や医療材料の高騰です。これらの技術はたしかに人類の救いになっている部分も大きいのですが、医療保険財政に大きな負担をかけていることも確かです。本書から単に医学的知識を学ぶだけではなく、医療保険制度や医療技術の費用対効果についても考えをめぐらせるようにしていただければと思います。

　医学は日進月歩で進歩していますので、それに伴い、知識も可能な限りアップデイトしていく必要があると考えています。本書をテキストに、DVDとレポートを併せた講座も開設する予定です。皆様方に少しでも本書がお役に立てば幸いです。

上塚芳郎

「医療経営士」基礎力UP講座
医療経営士が知っておきたい医学の基礎知識
● 目次

はじめに ……………………………………………………………………………………… iii

第1章 人体を構成する要素と代表的な病気　　1

① 人体を構成する要素 ………………………………………………………………… 2
①細胞・組織・器官／②器官系の分類

② 器官系の役割 ………………………………………………………………………… 3
①運動器系／②循環器系／③血液系／④呼吸器系／⑤消化器系／
⑥泌尿器系／⑦生殖器系／⑧内分泌系／⑨脳神経系／⑩感覚器系

③ 器管系から見た代表的な病気 ……………………………………………………… 9
①運動器系の病気／②循環器系の病気／③血液系の病気／
④呼吸器系の病気／⑤消化器系の病気／⑥泌尿器系の病気／
⑦生殖器系の病気／⑧内分泌系の病気／⑨脳神経の病気／
⑩感覚器系の病気

第2章 診断と検査　　15

① 診断の方法 …………………………………………………………………………… 16
①初診時の問診／②身体所見の取り方

② 検査の種類と分類 18

①なぜ検査を行うのか？／②診断に用いられる検査の種類／
③侵襲的検査と非侵襲的検査

③ 体の各系統別の検査 22

①運動器系の検査／②循環器系の検査／③血液系の検査／
④呼吸器系の検査／⑤消化器系の検査／⑥泌尿器系の検査／
⑦生殖器系の検査／⑧内分泌系の検査／⑨脳神経学の検査／
⑩感覚器系の検査

第3章 治療の実際　　　　35

① 自然治癒力 36

② 薬物療法 37

①薬物療法の実際／②薬物の投与方法／③処方せんの書き方／④新薬と後発医薬品

③ 外科的治療 42

①外科的治療の歴史／②手術と麻酔／③手術とインフォームド・コンセント
④開心術と人工心肺／⑤内視鏡手術と鏡視下手術／
⑥カテーテルによる心臓病治療／⑦ロボット支援手術

④ がんの治療 50

①がんの3大療法

v

第4章 外来・入院からリハビリ、医師の仕事まで　53

① 外来でできること、入院が必要な場合 ……………………………… 54

①平均在院日数の短縮化／②入院から外来へのシフト／
③拡大する外来の機能

② リハビリテーションとは ……………………………………………… 58

①注目が高まるリハビリテーション／②リハビリテーションに関わる職種／
③ADLとは／④病気のステージから見たリハビリテーションの種別

③ 医師の仕事とは ………………………………………………………… 61

①チーム医療における医師の役割／②医師の業務に関する法規制／
③臨床研修の必修化と大学医局の衰退／④医師の働き方改革／
⑤医師の権限委譲は進むのか

巻末資料──院内の各種委員会とそこで用いられる医療用語　65

1	経営会議	66
2	保険委員会	68
3	薬事委員会	70
4	医療材料委員会	72
5	リスクマネジメント委員会	74
6	感染対策委員会	76
7	栄養管理委員会	78
8	患者サービス推進委員会	80
9	診療情報管理委員会	82
10	電子カルテ委員会	84

コラム1 診断の王道……17

コラム2 腫瘍マーカー……19

コラム3 網羅的遺伝子解析とテイラーメイド医療……20

コラム4 ワルファリンとスイートクローバー病……37

コラム5 薬と食事の関係……38

コラム6 PTCA（経皮的冠動脈形成術）……46

コラム7 TAVI……47

コラム8 再生医療……49

コラム9 がんの緩和ケア……51

第 1 章

人体を構成する要素と代表的な病気

1 人体を構成する要素

①細胞・組織・器官／②器官系の分類

2 器官系の役割

①運動器系／②循環器系／③血液系／
④呼吸器系／⑤消化器系／⑥泌尿器系／
⑦生殖器系／⑧内分泌系／⑨脳神経系／
⑩感覚器系

3 器管系から見た代表的な病気

①運動器系の病気／②循環器系の病気／
③血液系の病気／④呼吸器系の病気／
⑤消化器系の病気／⑥泌尿器系の病気／
⑦生殖器系の病気／⑧内分泌系の病気／
⑨脳神経の病気／⑩感覚器系の病気

1 人体を構成する要素

1 細胞・組織・器官

人間の体は何からできているのでしょうか。もっとも小さな単位でいえば、分子・原子からなっているわけですが、そんなに小さな単位でなく生物を構成する最小の単位といえば細胞です。

人体では、細胞は分化しており、神経細胞、筋肉細胞など役割分担をしています。iPS細胞という言葉がはやっていますが、これは幹細胞といって、まだ分化していない原始的な細胞であり、これが分化するとそれぞれ特化した能力をもつ個々の細胞へと変化します。

組織とは、同じ種類の細胞が集まってできたものをいいます。組織は、ほかの組織と一緒になり、さらに複雑な機能をもつ器官となります。内臓も器官であり、免疫などの役割をするリンパ系も器官です。

■細胞の構造

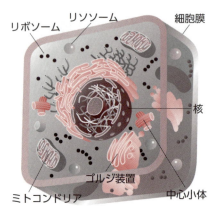

口絵参照

2 器官系の分類

器官系は、それぞれの器官の役割別の集合体として、次の①～⑩に分けることがあります。

■器官系の分類

| ①運動器系 | ②循環器系 | ③血液系 | ④呼吸器系 | ⑤消化器系 |
| ⑥泌尿器系 | ⑦生殖器系 | ⑧内分泌系 | ⑨脳神経系 | ⑩感覚器系 |

2 器官系の役割

1 運動器系

(1) 皮膚
皮膚は、人体のバリヤーなどの役割をもっています。したがって、やけどなどで皮膚が損傷すると、そこに細菌がついて感染を生じます。

(2) 筋肉
筋肉は、骨格と共同して体を支え、運動の原動力を作り出す器官です。骨格筋と内臓筋に分かれます。

(3) 骨
人間の体は大小約200個の骨から成り立っています。骨は体の支柱となり、かつ運動器として大切な器官ですし、意外なことに血液を作り出す骨髄が太い骨の中心部にあります。

■筋肉の構造

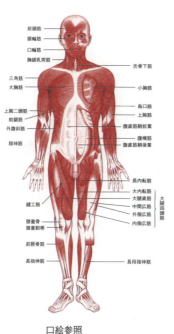

口絵参照

■骨の構造

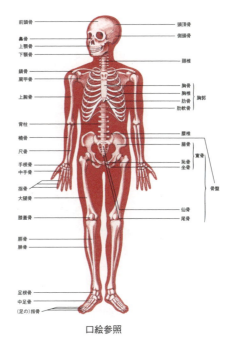

口絵参照

2 循環器系

血液は、体の各組織に酸素やその他の栄養素を運搬し、体内の各部で生じた老廃物を肺と腎臓に運びます。血管は血液の通路となっており、心臓から出ていくほうを動脈と呼び、心臓に戻るほうを静脈と呼びます。よく、人体解剖の絵では、動脈は赤い色に、静脈は青い色に描かれていますが、実際はそこまではっきりと色調が違うわけではありません。また、心臓も血液を送り出すポンプですから、循環器系です。

■心臓と大動脈

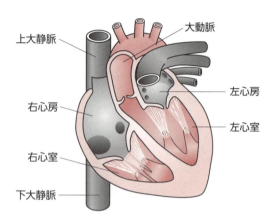

3 血液系

血液は、体のなかを駆け抜ける液体であり、そのなかには体全体に必要な酸素を運搬する大切な役割をもつ赤血球、病原体から体を守る白血球、けがをしたときに出血を止める血小板などの血球成分と、液体の成分である血漿から成り立っています。

人間の血液量は体重の13分の1ほどといわれています。

■白血球、赤血球、血小板

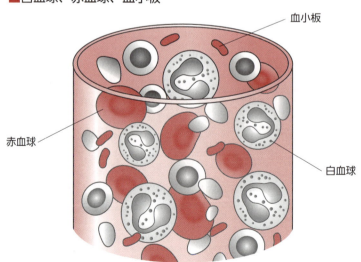

4 呼吸器系

酸素を取り込んで炭酸ガスを排出する器官です。肺がもっとも大きな呼吸器系の器官ですが、空気の入り道である鼻、咽頭、喉頭、気管、気管支、肺などが呼吸器系と呼ばれます。

■咽頭・喉頭

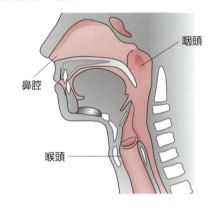

■気管・気管支・肺

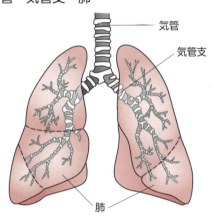

5 消化器系

食物を食べ、消化して栄養を吸収する器官です。口、咽頭、食道、胃、小腸、大腸、直腸のような消化管と呼ばれる管のほかに、膵臓、肝臓も消化器系です。

■消化器系の構造

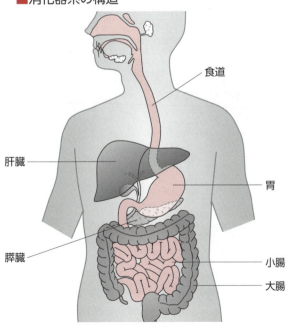

6 泌尿器系

血液で腎臓に運ばれた老廃物は濾過され、いらなくなったものは尿として排泄されます。水分、塩分、pHなどを調節する重要な器官系です。腎臓、尿管、膀胱、前立腺、尿道を指します。

■泌尿器系の構造（男性）

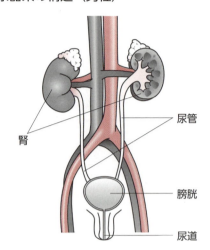

腎／尿管／膀胱／尿道

7 生殖器系

子孫を作るための器官で男性は精子を作り、女性は卵子をもっており、それが受精して新しい個体が生まれます。女性生殖器系には、卵巣・子宮、男性生殖器系には精巣・陰茎などがあります。

■男性の生殖器

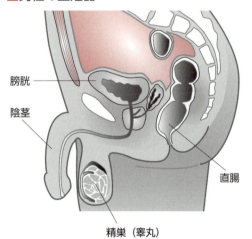

膀胱／陰茎／精巣（睾丸）／直腸

■女性の生殖器

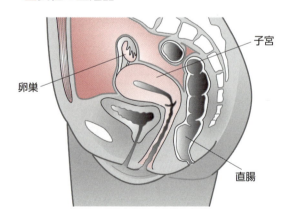

卵巣／子宮／直腸

8 内分泌系

　ホルモンを分泌して体の働きを調節したりする器官です。甲状腺、脳下垂体、副腎、膵臓、精巣、卵巣などがあります。

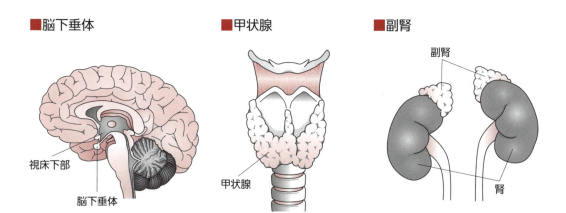

9 脳神経系

　光や声を感じたり、手足を動かしたり、脳の指令を体に伝えます。脳や脊髄、感覚神経、体中にはりめぐらされる末梢神経などが脳神経系に含まれます。

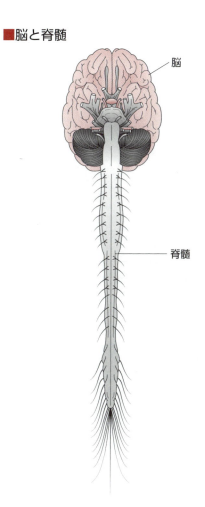

10 感覚器系

　何らかの感覚情報を受け取る受容器として働く器官のことを感覚器系といいます。末梢神経系の一部であり、そこで得られた情報はニューロンを介して中枢神経系へと伝えられます。感覚器には視覚器（目）、聴覚器（耳）、化学物質に対する嗅覚器（鼻）、味覚器（舌）、刺激に対する触覚器（皮膚に存在する）などがあります。

■視覚器（目）

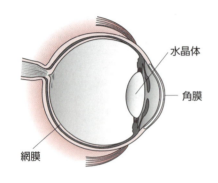

■聴覚器（耳）

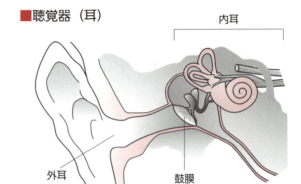

■嗅覚器（鼻）

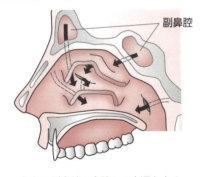

矢印は副鼻腔と鼻腔との交通を表す

■味覚器（舌）

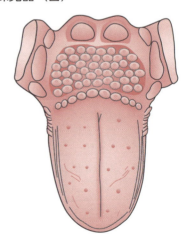

3 器管系から見た代表的な病気

　ここで、すべての病気について取り上げることはできませんが、器官系別の代表的な疾患、最近注目されている疾患を説明します。

1 運動器系の病気

　運動器系の病気とは、骨や筋肉の疾患です。超高齢社会を迎え、とくに女性は骨粗しょう症が深刻な問題になっています。骨粗しょう症があると、腰椎圧迫骨折を生じたり、あるいはちょっとしたことで大腿骨頸部骨折などが生じます。

■腰椎（横から見た図）

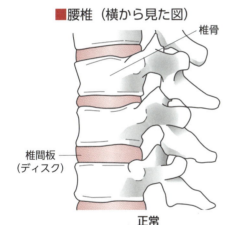
正常

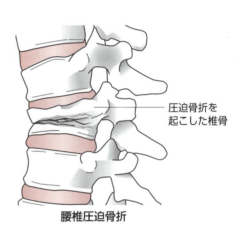
腰椎圧迫骨折

2 循環器系の病気

　循環器疾患は、先進国ではがんと並んで死亡率の高い疾患であり、国民の健康を考える上で重要な意味をもっています。近年、生活の欧米化とともに、狭心症、心筋梗塞などの虚血性心疾患が増加しています。また、高血圧は「サイレントキラー」と呼ばれ、自覚症状が出たときは合併症が発生しているといわれています。厚生労働省の「平成26年患者調査の概況」によれば、全国に1,010万800人の高血圧患者がいるとされています。

3 血液系の病気

(1) 赤血球の病気

　前述したように、血液は血球成分と血漿成分から成り立っており、血球成分のなかの赤血球の数が少なくなると貧血という病態になります。貧血になると疲れやすくなったり、元気がなくなったり、さらにひどくなると息切れをするようになります。貧血の多くは、食事のなかの鉄分の摂取量が少なかったり、極端なダイエットをしたりすることが原因で起こる鉄欠乏性貧血です。また、女性の場合、生理によって血液が失われることも貧血になりやすい原因です。

　貧血には、このようなありふれた鉄欠乏性貧血のほかに、血液を作る骨髄が病気になって赤血球の製造が思うようにできなくなる白血病や再生不良性貧血など怖い病気の場合もあります。貧血の原因を検査するために、赤血球数、鉄、鉄結合能、網状赤血球数、あるいは白血病などを鑑別するために骨髄穿刺検査などをすることがあります。

(2) 白血球の病気

　白血球の役割は、病原体から体を防衛することです。白血球数は病原菌に感染したときに増加します。すなわち、病原菌に立ち向かうために数を増やすのです。白血球も骨髄で製造されるので、たとえば、放射能に被ばくして急性放射線障害になると、骨髄で白血球が作られなくなります。白血球数が極端に減ってしまうと感染症にやられ、人間は死んでしまいます。このように、白血球は大切なものですが、制御できなくなるほど白血球の数が増える病気に白血病があります。この場合も、骨髄穿刺検査、骨髄生検などが必要となります。

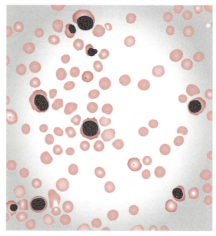

■白血病患者の末梢血の像

(3) リンパ球

　リンパ球も白血球と同じく体の免疫に関与します。最近では、がんの免疫（がんから体を守る）にも役立っていることがわかってきました。

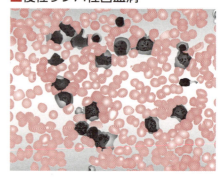

■慢性リンパ性白血病

(4) 血小板

　板という字が入っているように、血球のなかでも小さなものです。血液を固まらせる役割があり、血小板が少なくなりすぎると血が止まりにくくなります。

4　呼吸器系の病気

　呼吸器系の病気で増加しているのは、肺がんとCOPD（慢性閉塞性肺疾患）です。どちらも高齢化と関係しています。

(1) 肺がん

　肺がんは、小細胞肺がんと非小細胞肺がんの2つに大きく分けられます。非小細胞肺がんはさらに腺がん、扁平上皮がん、大細胞がんの3つに分類されますので、合計4つの種類があることになります。このうち喫煙と関連が深いと考えられているのは、扁平上皮がんです。肺がんの60％が腺がんであり、次に多いのが扁平上皮がんです。そのため非喫煙者にも肺がんが多くなっています。

(2) 肺気腫

　肺気腫は、近年増加している病気です。高齢者に多いといえます。症状は、息切れがしやすくなった、以前と比べ階段の上り下りや坂道がつらくなったなどです。肺気腫は、気管支の先にある肺胞が壊れる病気で、肺気腫や慢性気管支炎などはCOPDとも呼ばれます。喫煙が発症にかかわっており、COPDの最大の危険因子です。みなさん禁煙しましょう。

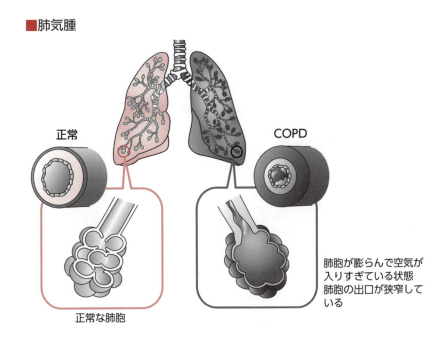

■肺気腫

正常　　COPD

正常な肺胞

肺胞が膨らんで空気が入りすぎている状態
肺胞の出口が狭窄している

5 消化器系の病気

図1は、日本人の部位別のがんによる死亡率です。かつては、日本人のがんの死亡率でもっとも高かったのは胃がんでした。しかし、近年は急激に大腸がんが増加してきています。その原因は食事の欧米化といわれています。肝臓がんは、もともとB型およびC型肝炎に引き続いて起こることが多かったのですが、最近では脂肪肝やNAFLD（ナッフルド）と呼ばれる、お酒をほとんど飲まないのに発症する脂肪肝「非アルコール性脂肪肝疾患」の状態が増加しており、問題視されています。

このほか、有名人も多く亡くなっている膵臓がんがあります。膵臓がんは進行するまでなかなか診断ができず、診断がついたときには手遅れになりがちな恐ろしいがんです。

がん以外の消化器系の病気は生活習慣と結びついているものが多く、近年増加している逆流性食道炎、過敏性腸症候群なども重要な疾患です。

■図1　男女別「2015年のがん罹患数、死亡数予測」

出所：国立研究開発法人国立がん研究センター「2015年のがん罹患数、死亡数予測」（プレスリリース）
http://www.ncc.go.jp/jp/information/press_release_20150428.html

6 泌尿器系の病気

　近年、増加しているがんに前立腺がんがあります。骨に転移しやすいので、進行して骨に転移してから痛みで診断される方が多いのですが、最近では早期発見すれば治りやすいがんです。前立腺は男性にしかありません。前立腺の病気としては、がんのほかに尿の出が悪くなる前立腺肥大症が有名です。

　背中や腰の激痛が生じる尿管結石もよくある病気です。病院によっては、腎臓外科が担当するところもありますが、腎臓がんや腎移植も泌尿器科のテリトリーです。

　腎不全の透析治療も泌尿器領域の大切な分野です。2015（平成27）年7月の日本透析医学会の発表によると、全国の透析患者数は約32万人でした。透析導入患者さんの原因疾患の第1位は糖尿病性腎症の43.3％、第2位は慢性糸球体腎炎の17.8％、第3位が腎硬化症の14.2％です。

7 生殖器系の病気

　女性の生殖器系の病気では、子宮がん、卵巣がんなどの女性特有のがんがあります。これらのがんは、早期に発見すれば予後はよいのですが、いったん進行してしまうと治療が困難になります。子宮頸がんについては、最近ヒトパピローマウイルスの感染によって起こることがわかってきました。同ウイルスに対してワクチンも作られています。

■子宮頸がん

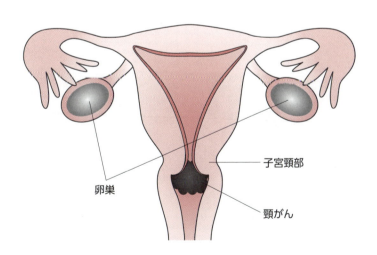

卵巣
子宮頸部
頸がん

8 内分泌系の病気

　内分泌という単語は難解ですが、要するにホルモンを分泌する器官の病気のことです。たとえば、甲状腺ホルモンの異常はバセドウ病や橋本病、インスリンというホルモンが出なくなると糖尿病になります。

9 脳神経の病気

　脳神経の病気の代表は、脳卒中でしょう。脳出血も脳梗塞も機序は異なりますが、両方とも広い意味では脳卒中と呼ばれます。脳出血は高血圧などにより、脳の血管の弱いところがほころんで、そこから出血します。一方、脳梗塞は心臓からの血栓が血管のなかを流れてきて脳血管の狭いところに詰まったり、脳血管の動脈硬化部位に血栓ができることにより、血液が流れなくなり発症します。

10 感覚器系の病気

　眼、鼻、耳の病気です。感覚器の病気は、直接生命にかかわることは少ないのですが、人間が生活していく上でとても重要な要素にかかわってきます。

第 2 章

診断と検査

1 診断の方法

①初診時の問診／②身体所見の取り方

2 検査の種類と分類

①なぜ検査を行うのか？／
②診断に用いられる検査の種類／
③侵襲的検査と非侵襲的検査

3 体の各系統別の検査

①運動器系の検査／②循環器系の検査／
③血液系の検査／④呼吸器系の検査／
⑤消化器系の検査／⑥泌尿器系の検査／
⑦生殖器系の検査／⑧内分泌系の検査／
⑨脳神経学の検査／⑩感覚器系の検査

① 診断の方法

① 初診時の問診

　医師は患者さんが歩いて診察室に入ってくる様子から観察しなければなりません。なぜなら、歩き方が変ではないか、姿勢に異常がないかなどを細かく観察することで、脳神経の病気（脳卒中後遺症やパーキンソン病など）が隠れていないか、整形外科的な病気（骨粗しょう症による脊椎の変形など）がないかを知ることができるからです。

　次いで、患者さんに診察室の椅子に腰かけてもらい、主訴や現病歴、既往歴、家族歴、アレルギーなどについて聴取します。これはどの新患患者さんにも行わなければならないことです。そのため、初診は再診よりも大幅に時間がかかります。したがって、初診料は再診料よりも診療報酬が高く設定されているわけです。

② 身体所見の取り方

　さて、続いて身体所見を取ります。以前は、身体所見のことを理学所見と呼んでいましたが、理学といわれても何のことかよくわかりません。身体所見とは、診断器械や採血検査を行わずに、患者さんの外見や身体を聴診器や打腱器などを用いて詳しく目や耳で診ていく行為です。

　まず、一見して体格、栄養状態、姿勢と体位、顔貌、異常運動がないかどうかなどを外見から診察します。次に、バイタルサインの観察に移ります。バイタルサインとは、脈拍、血圧などもっとも重要な情報です。脈を診ることによって、不整脈がないかがわかります。

　脳卒中や神経の病気では、顔面の口唇（唇）の端が片側に下がっていたり、瞳孔に左右差があったりといった所見が出ます。さらに、心臓の聴診を行うことによって、心雑音が聞こえれば、その雑音がもっとも大きく聞こえる部位や、雑音の性状から診断をつけることができるようになります。

　また、呼吸器系の疾患であれば、聴診器で肺の呼吸音を聴取することによって喘息などの診断が可能となります。しかし、身体所見を取るときは、目的をもって行うことが必要です。ただやみくもに、健診や人間ドックのように頭のてっぺんから足の先まで身体所見を大まかに取るのではなく、肺炎を疑ったら胸部の聴診、心臓病を疑ったらバイタルサイン、心臓の聴診、肝臓が腫れていないか腹部の触診、足のむくみの有無などを重点的に診ます。すなわち、あらかじめ患者さんの口から病歴を聞いて、あたりをつけておいてから身体所見を取り

ます。

　最近の若い医師は、とかくレントゲンや血液検査所見をまず見てからという診療態度になりがちですが、後述するように事前確率（診察前確率）を高めておかなければ、いくら精密な検査を行っても役に立ちません（この理論を「ベイズの定理」と呼ぶ）。医師はレントゲン、心電図、血液検査前に鑑別診断をするように心掛けておけば、自ずと問診の技術が磨かれていきます。

Column 1　診察の王道

　最近の若い医師は、眼前の患者にまず血液検査と画像診断を行って、そのデータに頼って診断をつけたがりますが、以前から「問診」と呼ばれていた患者面接や身体所見から診断を導くのが、診察の第1ステップだといわれています。中国語では外来診療部門のことを問診部と呼んでいます。この考え方は現在でも正しい考え方で、やみくもに患者に検査をすればよいというものではありません。医療経済の面からも、無駄な検査はできるだけやらないことです。単に費用だけの問題ではなく、レントゲン検査のような被ばくを伴う検査については、余分な害を患者に与えないように明確な必要性がある場合にのみ行うべきです。

　診断に関してEBM（Evidence-based Medicine：根拠に基づく医療）の考え方を紹介してみましょう。事前確率と事後確率（または検査前確率と検査後確率）という言葉があります。確率および条件付き確率に関する定理である「ベイズの定理」に基づくと、たとえば、いくら感度のよい検査を行ったとしても、検査をする対象の患者がもともと疾病をもっている確率が極端に低ければ、たとえ検査結果が陽性と出ても、実際には病気にかかっていない可能性のほうが高いということです。

　具体的な例を挙げてみますと、便潜血反応という検査があります。この検査は大腸がん検診などによく用いられる検査で、高齢者に行えば、大腸がんのスクリーニング検査として有効な手段となりますが、この検査をティーンエイジャーのような若い人に行った場合はどうでしょうか。ティーンエイジャーが大腸がんに罹っている確率は非常に低いので、いくら感度のよい検査で陽性になっても、その患者が実際に大腸がんである確率は低いといえます。ベイズの定理というのは、このように、事前確率（検査前確率）がそのあとの事後確率（検査後確率）に影響を与えるということを示しています。

　ひるがえって、優れた医師は、まず問診や身体所見をしっかりとることによって、眼前の患者のおおよその疾患名を頭にえがくことができます。そのうえでその患者の確定診断に有効な検査を行うことによって、無駄なくしかも高い確率をもって診断をつけることができるのです。

2 検査の種類と分類

1 なぜ検査を行うのか？

　西洋医学では、診断をはっきりさせてから、治療法を決めます。診断をつける上でも検査は大切ですが、先に検査ありきではなく、まずは患者さんと面接を行い、身体所見を取ります。そこで、だいたいのあたりをつけておいてから、それを絞り込むために行うのが検査です。

　診療報酬明細書（レセプト）おいては、やみくもに多くの検査を行うと査定されます。それは、必要ないと思われる検査を行うことによって、余計な医療費がかかったり、患者さんに必要のない負担をかけることになるからです。

2 診断に用いられる検査の種類

　検査の種類は大きく分けて、検体検査、細菌検査、生理学的検査、画像診断検査があります。

(1) 検体検査（血液、尿、便など）
　検体検査は、どんな疾患においても行う検査といっていいでしょう。汎用性がある検査です。次に挙げる①〜④のほか、病理検体検査などがあります。
①血算
　白血球、赤血球、血小板と呼ばれる血球は、いずれも目には見えないほど小さいものですが、重要な役目を果たしています。それぞれの血球の数は男性、女性によって少し異なり、正常値の範囲が決められていて、それより多かったり、少なかったりすると病気の場合があります。

　血算では血球の数を測定器でカウントします。検査の中ではもっとも早く結果が出ますので（通常採血から30分以内、迅速検査ならもっと早く）、診療に役立てることができます。
②生化学検査
　生化学というのは、血球の検査と同様に患者さんの血液を採取してそれを器械にかけて測定します。通常、遠心分離をしなければなりません。そのため、血算よりは時間がかかりますし、開業医の場合は、登録衛生検査所（民間の臨床検査センター）に検体を提出して、翌日以降にならないと結果が判明しない場合があります。ある程度の規模の病院では自院に設

備をもっているので、すぐに結果を手にすることができます。

③尿検査

　患者さんの尿を調べて、蛋白が出ていないか（通常陰性）、尿糖が出ていないか、沈査といって尿が濁っていたりしないか（膀胱炎などの感染を起こしていると濁る）を見る検査で、通常はすぐに結果が判明します。

④糞便検査

　主に便潜血を見るために用いられます。最近わが国でも増加している大腸がんの場合などに潜血陽性と出ることがあります。

（2）細菌検査（血液、尿、痰など）

　細菌検査という名称は総称であり、検体は痰であったり、尿であったり、あるいは血液であったりしますが、細菌が生えてくるかどうか培地を使って培養します。したがって、培養結果が出るまで数日かかる場合もありますので、すぐに結果が出るわけではありません。

（3）生理学的検査

　生体検査とも呼ばれ、血液などの検体を用いて検査をするのではなく、患者さんの体に器械をつけたりして測定する検査です。心電図、ホルター心電図、筋電図、エコー、トレッドミル運動負荷検査、内視鏡検査、脳波、超音波などがあります。

（4）画像診断検査

　異常な映像が映っているかどうかを目で確かめることができる画像を用いた検査です。こ

Column 2　腫瘍マーカー

　がんができると、健康なときに見られない物質が作られ、その一部が血液中を循環します。これを腫瘍マーカーと呼びます。何しろ侵襲的な検査をしなくても、血液検査だけで調べられるので最近は多用されています。肝臓、前立腺、肺などがんがよくできる部位に特異的なマーカーと、多くのがんに共通なマーカーに分けられます。

　しかし、マーカーの多くは、良性疾患でも異常値を示したり、がんでも異常を示さなかったりするので、過信することはできません。

　保険請求の面からも、「疑い病名での腫瘍マーカーの測定は、診断がつくまでの原則1回のみ」とされており、毎月のように「○○がん疑い」の病名で、腫瘍マーカーを検査している場合がありますが、これは正しくはありません。

　もし、がんの進行経過を追って知るために腫瘍マーカーを測定する場合は、別に「悪性腫瘍特異物治療管理料」で算定します。この項目の請求は、がんの診断が確定した患者にしか用いることはできませんし、複数の腫瘍マーカーを測定しても請求額は同一です。

> **Column 3** 網羅的遺伝子解析とテイラーメイド医療
>
> がんは発生する部位および組織型（たとえば腺がん、扁平上皮がんなど）に基づいて分類され、治療法の選択が行われています。しかし、近年の研究により、がんはさまざまな遺伝子の異常が積み重なることで発症することがわかってきました。さらに、遺伝子の異常は個々の患者さんごとに異なっており、がん細胞の生存に重要な遺伝子が存在することが知られるようになりました。それによって特定の遺伝子異常を標的とした分子標的薬治療が使われるようになりました。しかし、ごく一部の遺伝子に絞ってしか遺伝子解析を行うことができませんでした。
>
> 2000年代の初めに米国で、全身の遺伝子を網羅的に調べる次世代シーケンサーという器械が発明されました（図）。これによって、一度に複数の遺伝子変化を調べることが可能となり、この結果、当該のがん患者さんに推奨される薬剤を正確に選択することができるようになりました。
>
> ■図　次世代シーケンサー（米国Illumina社製）
>
>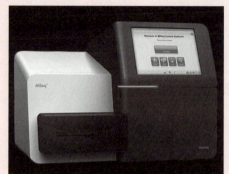
>
> 出所：Illumina社HPより引用

れによって診断がずいぶんと正確になってきました。レントゲン検査が代表的なものですが、CT（Computed Tomography：コンピュータ断層撮影）、MRI（Magnetic Resonance Imaging：磁気共鳴画像）、核医学など新しい検査が増えています。CTや核医学では被ばくの問題がありますので、検査の回数は必要最小限にすべきでしょう。

3　侵襲的検査と非侵襲的検査

続いて、別の分類の仕方による検査について説明します。侵襲的検査と非侵襲的検査です。

(1) 侵襲的検査

侵襲的検査といえば、どのようなものを思い浮かべるでしょうか？　心臓カテーテル検査や内視鏡によるバイオプシー（生検）などを思い浮かべる方もいると思います。侵襲とは難しい言葉ですが、体内に管を入れたり、皮膚を切開したり、体に負担をかける検査を侵襲的検査と呼びます。

心臓カテーテル検査は、動脈からカテーテルと呼ばれる細い管を心臓に向かって挿入します。昔から行われているのは、鼠蹊部（足の付け根）からカテーテルを挿入する方法で、最近では、手首の動脈からカテーテルを挿入することが多くなりました。そのほうが止血が早

いため、日帰りが可能だからです。

　心臓カテーテル検査の時間は30分程度ですが、検査後、穿刺部の止血のために6時間ほど
を要します。今ではほとんど安全な検査といえますが、心臓に管を入れるという侵襲的な検
査ですから、まったくリスクがないわけではありません。したがって、患者さんに心臓カテ
ーテル検査を勧めるときは、医師は検査の前にインフォームド・コンセントをとらなければ
なりません。

　その他、侵襲的検査には、上部消化管（胃・食道）内視鏡検査、大腸内視鏡検査、骨髄穿
刺などがあります。

(2) 非侵襲的検査

　心電図や超音波など、比較的体に負担をかけない検査を非侵襲的検査と呼びます。超音波
検査はプローベ（探触子）を体にあてるだけで行え、X線のように被ばくすることなく体に
危害を及ぼさないので非侵襲的検査と呼ばれます。

　患者さんに検査を行う順番としては、まず患者さんに負担のない非侵襲的検査を行い、そ
れで異常が発見されたら侵襲的検査を行うというのが通常です。なるべく患者さんに負担を
かけないですめば、それが望ましいことだからです。

3 体の各系統別の検査

ここでは、体の各系統別の診断に用いられる主な検査について説明します。

1 運動器系の検査

主に整形外科の領域です。骨、筋肉の病気を調べます。

(1) レントゲン検査

骨折の有無は単純X線検査でわかります。したがって、骨の疾患にはレントゲン検査が必須です。

(2) MRI検査

高齢化社会に伴って、脊柱管狭窄症(きょうさく)という病気が増えています。また、よく聞く名前で椎間板ヘルニアがありますが、これらの脊椎と脊髄の病気には、とくにMRIが威力を発揮します。

■MRI検査（脊柱管狭窄症）

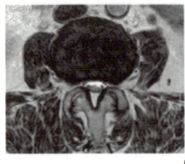
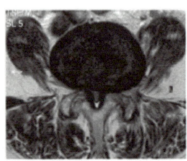
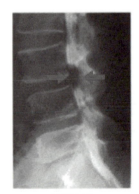

正常な脊椎　　　MRI　　　腰部脊柱管狭窄症　　　脊髄造影

出所：公益社団法人日本整形外科学会のHPより引用
https://www.joa.or.jp/jp/public/sick/condition/lumbar_spinal_stenosis.html

2 循環器系の検査

(1) 身体所見
　高血圧がないか、血圧測定をします。聴診器を心臓にあてて、心音や雑音を聞きます。健康な人には通常、心雑音はありません。雑音があれば弁膜症や心室中隔欠損などの可能性があるので聴診は大切です。さらに患者さんの外見をよく見て、足に浮腫（むくみ）などがないかも参考になります。

(2) 心電図
　波形を見て、不整脈があるか、あるいは急性心筋梗塞などの急性のイベントが起きていないかを診断できます。

■心電図検査

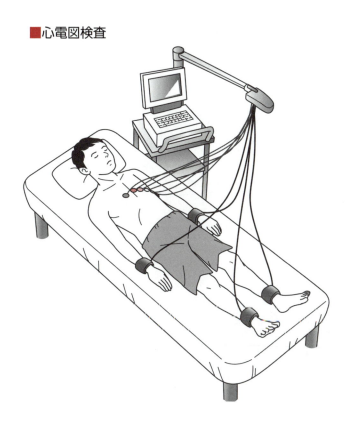

(3) ホルター心電図

　普通の心電図は一瞬間しか記録できませんが、患者さんによっては1日に数回しか心電図の異常が出ない人もいます。そこで、患者さんに器械を貸し出して24時間分の心電図を記録してもらうのがホルター心電図です。

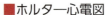

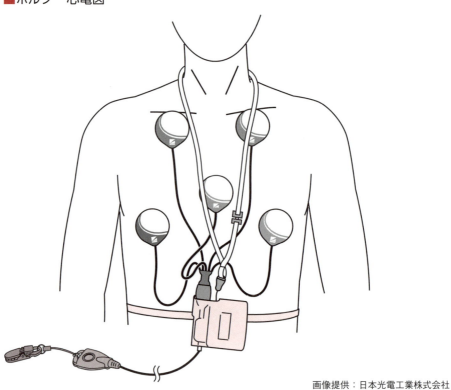

画像提供：日本光電工業株式会社

(4) 心エコー検査

　外来で簡単にできる心臓の形態を見る検査で、心臓の弁に異常がないか、心臓の動きに異常がないか（動きが悪ければ、心機能が低下している）を診断することができます。

(5) 核医学

入院の必要がなく、外来で心筋虚血（狭心症）があるかないかを診断できます。

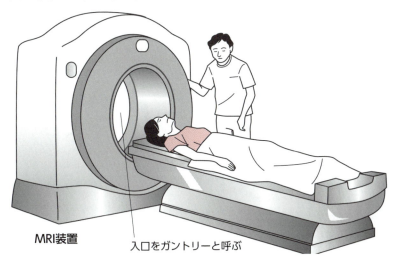

■核医学検査（PET検査）

MRI装置　　入口をガントリーと呼ぶ

(6) 心臓カテーテル検査（冠動脈造影）

心臓にカテーテルという管を入れて、造影剤を流し、血管に狭窄がないかを診断します。もし狭窄があれば、そこにステントなどを入れて治療を行います。

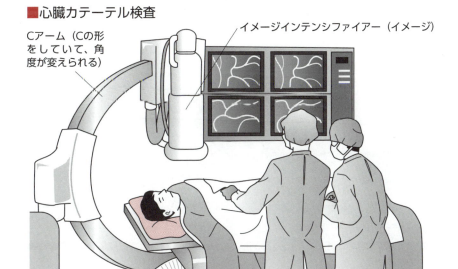

■心臓カテーテル検査

Cアーム（Cの形をしていて、角度が変えられる）

イメージインテンシファイアー（イメージ）

(7) 冠動脈CT

　心臓カテーテル検査（冠動脈造影）は、体のなかに管を入れる侵襲的検査で、入院が必要です。したがって、被爆はするもののカテーテルなどの異物を心臓に入れなくても冠動脈の狭窄度がわかる検査が求められてきました。最近のCTスキャンは高速度撮影が可能ですので、心臓のような拍動する臓器でもきれいに写し出すことが可能です。そこで、造影剤を点滴で入れて、64列以上のマルチディテクターCTで心臓を撮影することによって、冠動脈疾患の診断をします。

3 血液系の検査

(1) 身体所見
　貧血があるかどうか、皮膚の色などを観察します。

(2) 血算
　採血した検体を用いて白血球、赤血球など血球の数をカウントする検査です。赤血球の数が少なければ貧血を、白血球の数が異常に多い場合は感染症や白血病などが疑われます。短時間で簡単に測定することができますので、たいていの医療機関で実施されています。

(3) 骨髄穿刺
　血液病の診断をするため、骨髄に針を刺して血液を採取し、血液の成熟度、異常細胞の有無を見る検査です。白血病の診断などに用いられます。

■骨髄穿刺検査

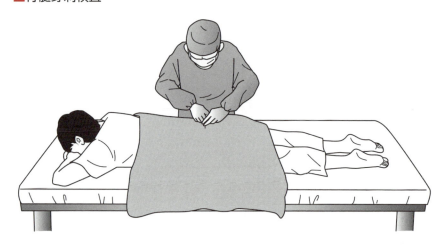

4　呼吸器系の検査

(1) 身体所見
　呼吸器の診断は、患者の呼吸状態の観察（苦悶様の呼吸ではないか、息切れしている様子はないか）にはじまり、聴診器を使った聴診をします。

(2) 胸部X線写真
　心臓の大きさを見たり（心不全のため心拡大がないかどうか）、肺野に異常がないかを簡単に撮影できる検査であり、小さな診療所でもX線撮影装置を備えているところは多いので基本的な検査といえます。

■胸部X線写真

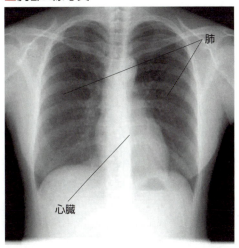

肺

心臓

(3) 胸部CT撮影
　CTを用いて肺を診るのであれば、造影剤は使用せずに単純CTで診ます。単純撮影というのは、造影剤を用いない撮影のことです。造影剤を用いると血管の評価が可能となりますが、肺だけを観察するならば造影剤は必要ありません。

(4) 肺機能検査
　肺の容積や空気を出し入れする換気機能のレベルを調べる検査です。一般にはスパイロメーターという器械を使用して肺活量や1秒率などを測定します。

■肺機能検査

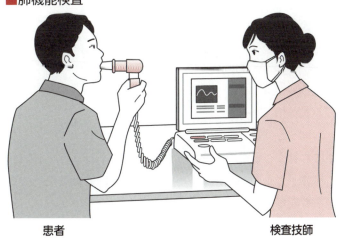

患者　　　　　検査技師

5 消化器系の検査

(1) 内視鏡検査

　上部消化管内視鏡（胃カメラ）と下部消化管内視鏡があります。最近の上部消化管内視鏡検査は胃カメラといわれていた時代とは異なり、より細い管となっています。経鼻内視鏡といって、口から挿入する替わりに、鼻腔から挿入する方法もあります。

　下部内視鏡検査は、肛門から逆攻勢に大腸をさかのぼって検査をする方法です。麻酔をかけて行う場合もあります。下部消化管内視鏡検査では事前に下剤を用いて腸をからにしておかないとよい画像が得られませんので、検査の成功は前処置にかかってきます。

　内視鏡装置は単に管だけではなく、光源となるシステムまで入れるとかなり大掛かりになります（ビデオスコープシステム）。

■内視鏡検査

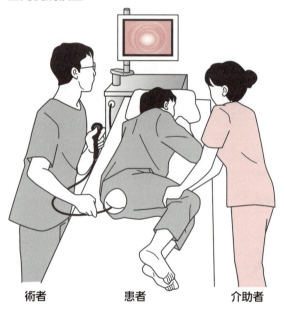

術者　　　　患者　　　　介助者

■ビデオスコープシステム

画像提供：オリンパス株式会社

(2) 腹部エコー

　エコーとは超音波のことです。超音波はレントゲンと異なり被ばくの心配がないので、妊婦にも行うことができます。腹部エコーを行うと、肝臓、膵臓、脾臓などの腹部実質性臓器の輪郭がよくわかります。さらに下に向けて検査を行うと腎臓、前立腺、膀胱などの腎泌尿器系も観察できますので、非常に有用な検査です。

6 泌尿器系の検査

（1）前立腺腫瘍マーカー（PSA：前立腺特異抗原）
血液検査です。前立腺がんのときにPSA値が上昇することがあります。しかし、加齢でも上昇することがあり、がんであることの最終判断は、あくまで前立腺の病理診断（生検）です。

（2）膀胱鏡検査
近年、増加している膀胱がんの診断に用いられます。

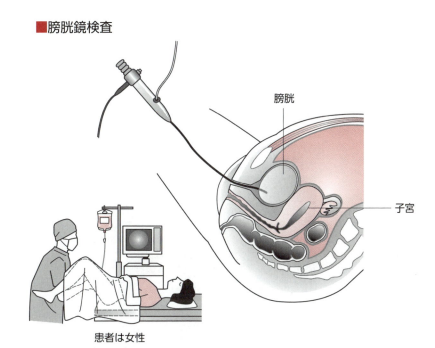

■膀胱鏡検査
患者は女性

7 生殖器系の検査

（1）内診
男女ともに生殖器はありますが、主に女性の婦人科領域の検査を意味します。婦人科では内診で、女性の生殖器の診察を行います。

（2）超音波検査
腹部超音波や経腟エコーがあります。

（3）その他
婦人科系の悪性腫瘍の検査としてMRIやCTも重要です。

8 内分泌系の検査

通常、内分泌検査というと、患者さんの血中ホルモンを測定して内分泌臓器の異常がないかをチェックします。甲状腺のホルモンであるTSH、FT3、FT4などが知られています。

9 脳神経学系の検査

（1）身体所見

脳神経学系の疾患には、脳血管障害、炎症性（感染および免疫性）疾患、変性性疾患、脳腫瘍などがあります。診断の基本は身体所見です。麻痺があるかどうか、腱反射（消失していたり、亢進していたら病的なことが多い）などを見ます。

（2）頭部CT検査

頭部CT検査では、脳梗塞の箇所が黒く写ります。

■頭部CT検査

出所：独立行政法人国立病院機構大阪南医療センターのHPより引用

(3) 頭部MRI検査

　脳梗塞の早期は、CTではわからない場合もありますが、MRIでは白く写るので急性期でも脳梗塞の診断ができます。

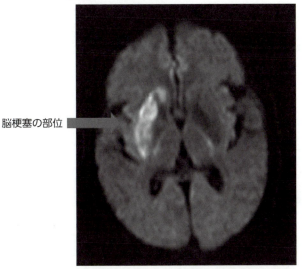

出所：独立行政法人国立病院機構大阪南医療センターのHPより引用

(4) 脳波

　脳は活動するときに微弱な電流を流しており、その電位差は頭部の表皮上で常に変化しているので、頭部に電極をつけ、電流を増幅器にかけ、波形として記録します。てんかん、脳腫瘍、脳挫傷などが疑われるときに行う検査です。

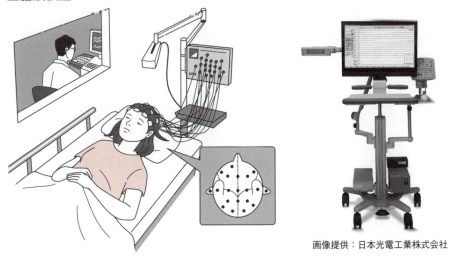

画像提供：日本光電工業株式会社

(5) 筋電図

　神経筋疾患の診断に用いられます。進行性筋ジストロフィー症、重症筋無力症などの診断に有用です。

■筋電図検査

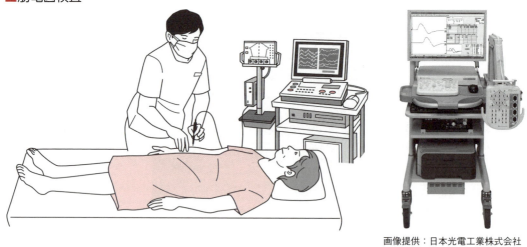

画像提供：日本光電工業株式会社

(6) 腰椎穿刺

　腰椎穿刺は、腰の脊髄腔に針を刺して髄液を採取して、髄膜炎、脳腫瘍、くも膜下出血などの診断をする際に行われます。

■腰椎穿刺検査

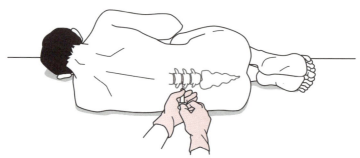

横向きに寝かせ、えびのように
前屈させると針が入りやすい

10 感覚器系の検査

（1）聴力検査

　聴力検査とは、外耳から中耳までの間に原因がある伝音難聴、内耳から脳までの間に原因がある感音難聴の有無を調べる検査です。ヘッドフォンを耳につけて音が聞こえはじめたらボタンを押します。片方ずつ行います。

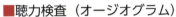

■聴力検査（オージオグラム）

（2）眼底検査

　レンズを通して眼底を観察し、眼底の血管、網膜、視神経を調べる検査です。また、眼圧が高くなる緑内障の所見も眼底検査で発見できます。

第**3**章

治療の実際

1 自然治癒力

2 薬物療法

①薬物療法の実際／②薬物の投与方法／
③処方せんの書き方／④新薬と後発医薬品

3 外科的治療

①外科的治療の歴史／②手術と麻酔／
③手術とインフォームド・コンセント
④開心術と人工心肺／⑤内視鏡手術と鏡視下手術／
⑥カテーテルによる心臓病治療／⑦ロボット支援手術

4 がんの治療

①がんの３大療法

① 自然治癒力

　病気の診断がついたのなら、治療に進むわけですが、人間には自然治癒力があるので薬を投与する前に、まず自然治癒力が働くかどうかを考えます。

　たとえば、糖尿病の患者さんに、いきなりインスリンなどの薬物療法をするよりも、まずは体重を減らさせ、運動を勧めてみることです。生活習慣病と呼ばれる疾患には、糖尿病のほかに高血圧症、高脂血症（脂質異常症）などがありますが、これらも塩分の摂取を制限したり、食事の内容に気をつけることをまず心がけるべきでしょう。

　風邪などの場合でも、普通は抗生物質などは投与しません。時間が経てば風邪は自然と治るものです。したがって、必要な食事をとって、かつ十分な睡眠や休息をとれば風邪も治りやすくなります。

　このように、まともな医師であればあるほど、やたらと薬に頼らず、疾病の成り立ちを考え、かつ自然治癒力を大切にするものです。しかし、自然治癒力では限界があると思われたら、次に述べるような薬物療法や外科的治療に進まなければなりません。

　ちなみに、厚生労働省のHPでは、「生活習慣病予防」について、「生活習慣病は、今や健康長寿の最大の阻害要因となるだけでなく、国民医療費にも大きな影響を与えています。その多くは、不健全な生活の積み重ねによって内臓脂肪型肥満となり、これが原因となって引き起こされるものですが、これは個人が日常生活の中での適度な運動、バランスの取れた食生活、禁煙を実践することによって予防することができるものです」と説いています。

2 薬物療法

1 薬物療法の実際

　内科は薬物治療が主体の診療科です。しかし、薬物には副作用があることもあります。したがって投薬は必要最小限に抑えるべきでしょう。

　最近、非常に高額な肺がんの薬が出てきて新聞でも取り上げられていますが、医薬品には薬価と呼ばれる公定価格がついています。そして、新薬ほど高額な価格になっています。昔は医薬分業がなされていなかったので、調剤薬局ではなく医療機関で医薬品が患者さんに渡されていました。そのことで病院が薬価差で儲けているとされて、現在のような医薬分業が行われるようになったのです。

　先ほど、投薬は必要最小限と述べましたが、西洋薬は原則的に1つの効能しかなく、高血

Column 4　ワルファリンとスイートクローバー病

　1920年代、アメリカ中西部の穀倉地帯であるウィスコンシン州において、牛が次々に死亡するという事件がありました。その原因として食べた牧草（スイートクローバー）が疑われることになり、その牧草の成分がリンクにより、1933年に分離されました。これがワルファリンのもとになるジクマロールという物質です。1940年に牛が死亡した原因はこのジクマロールにより牛が脳出血を起こしたためと結論づけられました。

　ジクマロールを改良したものがワルファリンであり、ネズミの駆除剤として発売されました（図）。ワルファリンと命名されたいわれは、この薬の精製にあたってWisconsin Alumni Research Foundation（ウィスコンシン大学同窓会研究財団）から資金が出ていたことによります。ネズミは脳出血を起こして死ぬわけですが、このことからワルファリンは、血栓を予防する医薬品としてヒトの治療薬として市販されることになりました。1955年に米国のアイゼンハワー大統領が心筋梗塞になったときにワルファリンが使用されました。

　現在では、ワルファリンは幅広く血栓症の予防に使用されています。

■図　ワルファリン

医薬部外品 ワルファリン
価格 691円（税込）

Column 5 薬と食事の関係

薬剤のなかには食事を摂ることによって薬の吸収が阻害され血中濃度が低下したり、逆に吸収が促進され血中濃度が上昇する薬剤があります。また糖尿病の薬など、食事の前に服用しなければ効果を示さない薬剤もあります。

最近の例では、骨粗しょう症の予防の薬である、フォサマック®、ボノテオ®などは、カルシウムやマグネシウムとキレートを作るので、牛乳で飲んだり、内服後30分は食事をしてはいけません。

ある種の抗悪性腫瘍薬は、食事とともに摂取すると、吸収が促進されて血中濃度が高くなります。また、その逆に、食事とともに摂取すると吸収が抑えられる抗悪性腫瘍薬とし

てユーエフティ®などがありますので、注意が必要です。

糖尿病治療の内服薬には、食前に内服しないといけない薬もありますのでタイミングが大切です。

多くの漢方薬は食間（食事中という意味ではありません）に服用となっています。これは食事と食事の中間、すなわち空腹時に内服するように書かれています。その理由は漢方の成分にはアルカロイドという物質が入っていることがあるので、その吸収を抑えたほうが副作用は少ないという考えです。胃酸が中和されていない空腹時だと酸性の胃液によりアルカロイドの吸収率が低下するという理由からです。

圧の薬は高血圧症の治療にだけ効きます。したがって、高血圧症があって、かつ高脂血症（脂質異常症）があれば2種類の薬が必要です。お年寄りの場合は複数の病気を抱えていることが多く、5種類も6種類もの薬が必要となるのです。

例外として最近開発が盛んになってきた合剤と呼ばれるものがあります。これは、2種類の薬剤を1つの錠剤に作り替えたもので、たとえば、高血圧の薬と高脂血症（脂質異常症）の薬を一緒にして1つの錠剤にしたものも出ています。しかし、合剤はまだまだ少数派です。

2 薬物の投与方法

（1）注射

薬物療法には、前述した経口薬のほかに、投与方法によっていくつかの種類の経路があります。経口投与（内服）は一番多い投与法ですが、いったん口から飲んで、胃で溶けて腸で吸収される場合、薬効の発現に時間がかかります。それに比べて注射は薬効の発現が非常に速いのが特徴です。注射には静脈注射（静注）と筋肉注射（筋注）、皮下注射があります。もちろん、薬効の発現が一番速いのが静注です。皮下注はインフルエンザなどの予防接種やインスリンの自己注射に用いられます。インスリン自己注射は、患者さん自身が自分の体に皮下注射をすることが認められています（図3−1）。

静注のなかでも、点滴静注といって、持続的に薬剤を点滴で入れる方法を近年よく用いま

■図3-1　自己注射用のペン型のインスリン注射器

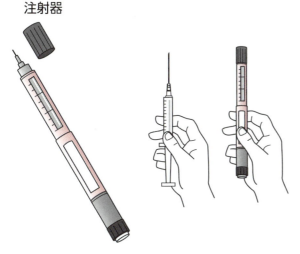

■図3-2　点滴静注に用いる輸液ポンプ

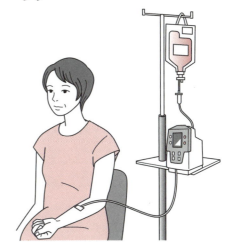

す。なぜなら、普通の静注では、薬物の血中濃度が上がるのは速いものの、すぐに血中濃度が低下してしまって薬効が持続しないからです。点滴静注にすればもう少し長い期間、薬剤を効かせることができます。医療安全の面からも点滴静注のほうが急速静注よりも安全といえます。点滴静注ではより注入速度を正確にするために輸液ポンプを使用することが多くなっています（図3-2）。ただし、必要のないのに輸液ポンプを使用するのは資源の無駄といえます。

(2) ドラッグデリバリーシステム（DDS：Drug Delivery System）

　薬剤はもともと内服薬という形が一番多いのですが、そのほかにみなさんのよく知っているような貼付薬（パップ剤）というものもあります。もともとは湿布薬と呼ばれているもので、局所に貼ってその部分に効果を及ぼすというものでしたが、現在では貼付薬の基盤に薬を薄く塗って、それが時間とともに皮膚から吸収されるようにして内服薬よりもさらに長時間、薬効を示すような薬が開発されました。ニトログリセリンを塗った貼付薬は狭心症の患者さんの前胸部の皮膚に貼ることによって、1日にわたってニトログリセリンを効かせることができるようになりました。このような薬剤投与経路の工夫をドラッグデリバリーシステムと呼びます。

　近年、気管支喘息の患者さんに対して、吸入ステロイド剤がよく使用されますが、内服に比べてステロイドの全身への副作用が少なく、局所だけに効くということで重宝しています。鼻からインスリンをかがせてインスリン療法をするということも夢ではなくなりました。

(3) TDM（Therapeutic Drug Monitoring：治療薬物モニタリング）

　TDMとは聞きなれない言葉だと思いますが、薬剤の血中濃度を測定して、その薬剤の濃度を適切な範囲におさまるように、薬剤を投与する方法です。たとえば、てんかんの薬によ

っては、血中濃度が十分にならなければ薬効が発揮されないものがあります。逆に血中濃度が高すぎれば副作用が出てしまいます。このように、閾値（上限の濃度を超えると薬剤の副作用が出やすく、下限以下で有効血中濃度に達していなければ効果を表さないとされる血中濃度の範囲）が狭い薬についてはTDMが威力を発揮します。よくTDMが用いられる薬には、抗てんかん薬のほかに、抗菌薬、抗生物質などがあります。

3 処方せんの書き方

薬の投与は医師が処方せんを書くところから始まります（図3-3）。最近は電子カルテにオーダリング機能がありますので、処方せんも電子的に記入して印刷したものを患者さんに渡します。

処方せんの書き方は国によって少しずつ異なっています。わが国の処方せんは明治以来、1日量を書いて何回服用するのか、食前なのか食後なのか、あるいは眠前なのかを指定するような書き方です。ところが外国では、薬剤の1回量を記入して、1日にそれを何回服用するかのように書きますので、言ってみればあべこべになっています。外国式のほうが一般的ですので、わが国のなかでも変更する動きがありますが、いまだに昔のままです。1日量を記入する方式は、それを1回量と混同する危険性があるからです。

■図3-3 療養担当規則様式第二号で定められた処方せん様式

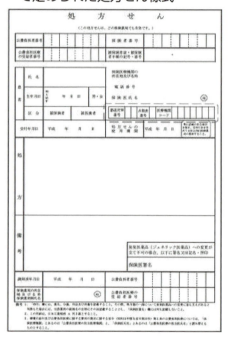

4 新薬と後発医薬品

世の中に新薬が出るには、治験が必須となっています。第Ⅰ相から始まって第Ⅱ相、第Ⅲ層までの治験を経て、独立行政法人医薬品医療機器総合機構（PMDA）に申請しますが、承認を得るまでに相当な時間がかかります（図3-4）。このように、新薬の開発には長い年月と多額の投資が必要なため、新薬には高い薬価がつけられます（画期的新薬の場合はなおさら高い）。そこで製薬メーカーは薬価の高い新薬を必死に売り込むわけです。

近年、肝炎の治療薬や抗がん剤の薬価があまりに高いことが問題になっています。一方、発売から10年以上経って、製造特許が切れた医薬品は、どのメーカーが製造してもよいことになっています。すなわち後発医薬品（ジェネリック医薬品）です。

後発医薬品とは、新薬の特許期間が満了後、厚生労働省の承認を得て製造・販売される医

■図3-4 医薬品開発の流れ

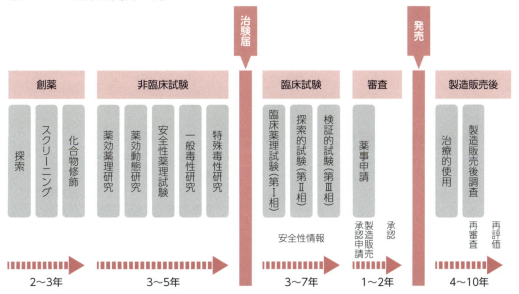

出所：東京薬科大学のHPより引用

薬品です。新薬のように患者を対象とした治験が義務付けられていないので新薬に比べて開発費が大幅に削減できます。したがって、政府も医療費削減のために後発医薬品の使用を奨めているのです。

3 外科的治療

1 外科治療の歴史

文字どおり、外科治療は手術です。外科の歴史は古く、16世紀のアンブロワース・パレにさかのぼるといわれますが、安全に外科手術ができるようになったのは、ウィリアム・モートンがマサチューセッツ総合病院（ハーバード大学医学部の関連病院）でエーテル麻酔の公開実験に1846年に成功してからです（図3-5）。日本でも華岡青洲が江戸時代に麻酔で乳がんを摘出したという記録があります。したがって、外科手術が安全にできるようになって今年で170年目ほどだということです。

■図3-5 世界最初のエーテル麻酔
（マサチューセッツ総合病院）

出所：マサチューセッツ総合病院のHPから引用

近年、外科では、後で紹介するダビンチを用いたロボット支援手術なども多く行われるようになり、今までの常識のように開腹、開胸手術のような大手術をしなくても内視鏡（腹腔鏡など）で手術が可能となってきました。

2 手術と麻酔

昔は外科の医師だけで手術が行われていましたが、戦後、アメリカから近代麻酔医学が導入されると、麻酔をかけるのは麻酔医、手術をするのが外科医というように分業が当たり前になりました。麻酔のもつ専門性が高く認められるようになり、麻酔医が全身麻酔の手術を管理するのが現在の手術です。

超高齢社会となり、高齢者が手術を受ける機会が増加しています。昔なら70歳を超えたら開心術などは行わないという風潮でしたが、今では80歳以上の高齢者にも開心術が行われています。もちろん、昔の高齢者よりも現在の高齢者のほうが体力があり、見た目も若いということもあるでしょうが、医療技術の進歩も大きく貢献しています。

術前にその手術にリスクがあるかどうか評価するのも麻酔医の大きな役目です。特に高齢者の場合は若い患者さんとは異なり、狭心症や心筋梗塞、糖尿病などの合併症をもった方が多いので、周術期（手術前、手術中、手術後）に、リスクを伴うことが多いからです。あま

り高リスクの手術の場合、麻酔医から術者へ手術を思いとどまるようにアドバイスすること
もあります。

3 手術とインフォームド・コンセント

　昔は入院して手術を受ける場合に、「あなたは手術に同意しましたので、その結果については一切異議を唱えません」などと書かれた文書に患者さんが署名をさせられていました。しかし、このような一方的な「手術承諾書」は姿を消し、現在では説明と同意のプロセスが入ったインフォームド・コンセントが必要とされています。

　インフォームド・コンセントには、よく内容を聞いたうえで自分が納得したら同意するというステップが組み込まれていますので、患者さんは説明に納得しなければ手術に同意しなくてもよいのです。現在では、手術時の麻酔にもリスクがあるので、麻酔医が麻酔のためのインフォームド・コンセントをとることも普通に行われています。

4 開心術と人工心肺

　心臓の手術の場合、心臓のなかにある弁を人工弁と交換したりすることがあります。そのためには、いったん心臓を止めてしまわなければ手術はできません。心臓を止めてしまったら、全身に血液が循環せず、人間は死んでしまいます。そこで、心臓を止めても大丈夫なように、人工心肺装置というものを使用します（図3－6）。患者の血液を静脈から脱血（血液を抜くこと）して、肺の代わりに特殊な膜を通して患者から脱血した静脈血に大量の酸素

■図3－6　人工心肺の模式図

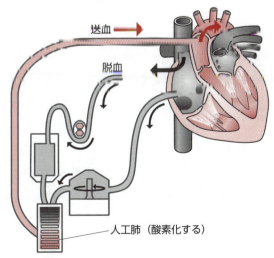

心臓を止めて手術する場合には、人工心肺が必須です
出所：聖路加国際病院　渡辺直先生のHPより引用改変

を混ぜます（人工肺）。そして、酸素化された血液を大動脈に戻すのです。その装置全体を人工心肺と呼びます。

5 内視鏡手術と鏡視下手術

　広い意味では鏡視下手術も内視鏡手術の一種です。狭い意味での内視鏡手術は、いわゆる胃カメラと呼ばれる内視鏡で上部消化管（胃や食道）のがんの治療や、大腸がんの治療を行います。たとえば、ESD（内視鏡的粘膜剥離術）は、がんの部分をやすりのように削ってしまう方法です。腸管は薄いのであまり深く組織をとると穴が開いてしまいます。そこで、ESDのように、軟膜の部分を剥離させてとります（図3－7）。

■図3－7　消化管のがん治療に用いられるESD

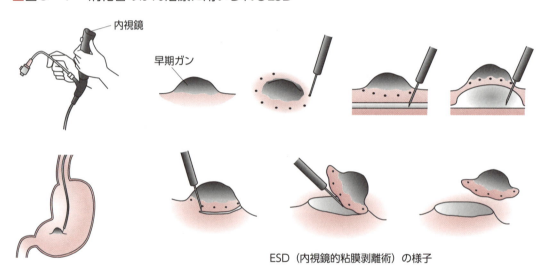

ESD（内視鏡的粘膜剥離術）の様子

　一方、鏡視下手術と呼んでいるのは、口や肛門から挿入する内視鏡ではなく、お腹や胸の皮膚に小さな穴を開けて、そこから腹腔鏡や胸腔鏡といった器具を入れて行う手術のことです。腹腔鏡手術では、お腹をつりあげて、お腹のなかに気腹といって空気を入れて視野をよくしてから、ポートという穴を通じて手術器具を挿入し、お腹にもう1か所穴を開けてそこから腹腔鏡で位置を確認するというものです（図3－8）。この操作に習熟するにはトレーニングが必要で、ぶっつけ本番ではなく、初心者はまず熟練者の下で助手を務めて慣れることが必要です。このような手術方法には、シーリングディバイスという、組織切断、凝固、止血が可能な器具が必須です（図3－9）。
　鏡視下手術の代表的なものの1つとして、鏡視下胆のう切除術があります。この技術はかなり以前から行われていますが、お腹を開けてする手術に比較して侵襲（体への負担）が少なく、入院期間も短縮できます。最近では、大腸がんも多くの場合に鏡視下で行われるよう

■図3-8 腹腔鏡下手術

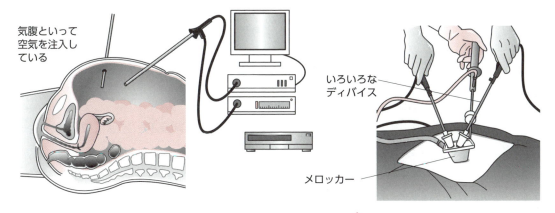

■図3-9 シーリングディバイス（血管の切離や凝固を行う装置の総称）

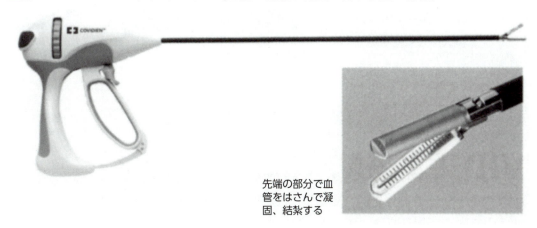

出所：メドトロニック社のHPより引用

■図3-10 初発大腸がん腹腔鏡手術の症例数の推移

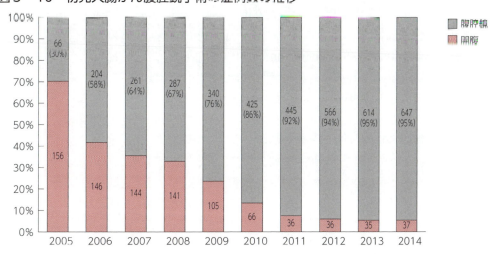

出所：がん研有明病院のHPより引用

になりました（図3-10）。鏡視下手術は外科領域だけでなく、産婦人科や泌尿器科の手術にもよく用いられます。

6 カテーテルによる心臓病治療

(1) PTCA（経皮的冠動脈形成術）

1970年代後半に、画期的な心臓病の治療法がスイスの医師Andreas Gruentzigによって開発されました。すなわち狭心症の患者さんに対して当時はバイパス手術しか方法がなかったところに、足の付け根（鼠蹊部）から先端にバルーンのついたカテーテルを挿入することによって、冠動脈の細くなった部分をバルーンで膨らませるという野心的な方法です（Column 6 参照）（図3-11）。

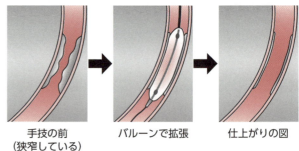

■図3-11 PTCA（経皮的冠動脈形成術）による冠動脈形成

手技の前（狭窄している）　バルーンで拡張　仕上がりの図

(2) 冠動脈ステント挿入術

さらに、時代が下ると、冠動脈ステントが開発されました。PTCAバルーンは、効果のある治療法ですが、せっかく拡げた冠動脈が再狭窄を起こすことが問題でした。PTCAを行った数か月以内に、再び同じ場所が狭窄してしまうことがよくあったのです。そこで、ステン

Column 6　PTCA（経皮的冠動脈形成術）

1960年代にGruentzig（グリュンツイッヒ）医師は、ドイツにおいて米国の放射線科医Charles Dotter から下肢の血管を先端に風船のついたカテーテルで拡大する方法について講義を受けました。それにヒントを得たGruentzig医師は、冠動脈の狭窄病変も同様にバルーンで拡大できると考え研究を重ねましたが、ほとんど相手にされませんでした。そこで、彼はドイツからスイスのチューリッヒに移り、チューリッヒの病院で研究を続けました。冠動脈は、太いところでも4〜5mmしか径がありません。したがって、そこに挿入するバルーン（風船つき）カテーテルは、相当に細いカテーテルでなければなりません。

やがて、Gruentzig医師は理想的なカテーテルの開発に成功します。1977年に、Gruentzig医師はチューリッヒにおいて、この治療法にちょうど適した患者を見つけ、胸を開けることなく、鼠蹊部からカテーテルを挿入して狭心症を治療するPTCA第1号となったのです。

> **Column 7** TAVI
>
> フランスのルーアン大学のシャルル・ニコル病院の循環器内科教授のAlain Cribier（クリビエ）は、2002年に世界で初めての経皮的大動脈弁置換術を行いました。Cribierらのグループは、1993年から死体を使って、石灰化した大動脈弁をステントで内側から拡張する研究をしていました。冠動脈ステントと違って、拡げるだけでは弁の機能がなくなるので、拡げると同時に人工弁をもともとの大動脈弁の位置に挿入しなければなりません。最初の人工弁モデルは2000年に動物に挿入してテストされました。2002年の第1例のTAVIのあとに、エドワーズ社によって改良された製品が2004年に販売されました。
>
> この技術は、高齢者でがんがあるとか、あるいは合併症があって従来の開心術を受ける体力がない症例の救世主となりました。開心術は人工心肺を使用する大手術であり、全身状態が悪い患者にはまず行うことができません。現在、TAVIはわが国でも多くの施設で行われるようになりました（図）。
>
> ■図　TAVIの図
>
>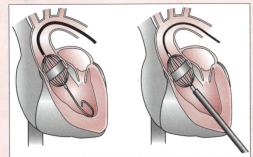
>
> 出所：慶應義塾大学病院心臓血管低侵襲治療センターHPの掲載画像をもとに作成

トという金属の枠型のようなものを冠動脈狭窄部位に挿入する技術が開発されました。これは、単に風船で狭窄部位を拡張しただけでは不十分または再狭窄が生じるために、ステントを挿入する方法が考案されたわけです（Column 7 参照）（図3－12）。

■図3－12　冠動脈ステント挿入術

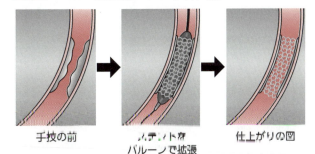

手技の前　　　ステントを　　　仕上がりの図
　　　　　　バルーンで拡張

7 ロボット支援手術

ロボット支援手術では「ダビンチ」という機器が有名ですが、これは鏡視下手術を遠隔操作でできるようにしたバージョンと考えればよいでしょう（図3－13）。外科手術の術者は普通、患者さんの隣に立って手術をしますが、ダビンチの場合、手術室のなかの少し離れたところにマスターコントローラーと呼ばれる操作台が置かれており、そこで術者はマスターコントローラーを操作して手術を行います。理論的にはどの診療科の手術においても応用可能ですが、現在では泌尿器科の手術などに多く用いられています。

■図3-13 ロボット支援手術の先駆けであるダビンチ

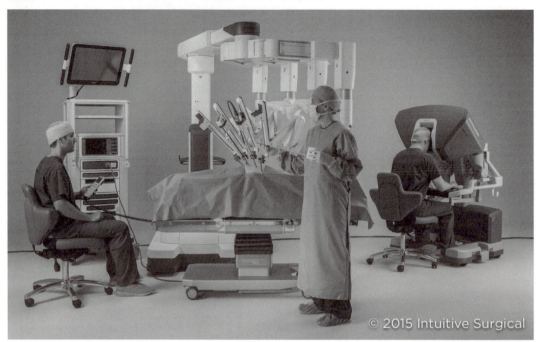

©インテュイティブサージカル合同会社

Column 8 再生医療

再生医療は、自分の身体から幹細胞という特殊な細胞を取り出して増やし、目的とする組織や臓器などにしてから、もとの身体に移植する方法が代表的です。最近では、iPS細胞が注目されていますが、iPS以外でも再生医療は行われています。たとえば、患者さんの口腔粘膜の細胞を取り出して培養し、それを細胞シートと呼ばれるシート状のものにして、貼り付けることによって、軟骨を再生したり、角膜を再生したりすることができます。これなら、iPSのようにがん化リスクもないので安心です。しかし、将来はiPSを用いた再生医療が普及するのではないかと思います。京都大学出身で理化学研究所に所属している高橋政代氏が2016年9月にiPSを使って初めてヒト網膜の再生治療を行っています（図）。

幹細胞について少し説明しましょう。通常、細胞は分化を終えると改めて他の細胞に分化することはできません。からだのなかのほとんどの細胞はすでに分化を終えているため、もうそれ以上分化することはありません。一方、幹細胞は分化途中、または分化する前のままでストップしている細胞であるため、さらに分化を進めることができます。

幹細胞には私たち自身の体内にあるものがあります。からだのなかで働いている幹細胞は成体幹細胞（体性幹細胞）と呼ばれています。一方、もともと自然界にはありませんが、人工的に作られる幹細胞があります。それらはES細胞（胚性幹細胞）とiPS細胞（人工多能性幹細胞）と呼ばれます。ES細胞は胚から作られます。胚というのは受精卵が分裂して胎児になるまでの段階のことを言います。この胚のなかにある細胞を取り出して培養したものをES細胞と呼びます。ES細胞には、本来であれば人間に成長できたはずの命を摘み取ってしまうという倫理的な問題があります。また、iPSにはiPS細胞から目的の細胞へ分化させる際に分化が不完全で、未分化なiPS細胞が混入することでテラトーマと呼ばれる奇形腫（良性腫瘍）が形成されるリスクと、もう1つはiPS細胞を作製する過程や培養する過程でゲノムに傷がつくことで、iPS細胞が腫瘍化してしまうリスクです。したがって、現状では、まったく安全なのは、体性幹細胞を用いた細胞シート治療ですが、この方法では限界も見えています。

■図 他人由来のiPS細胞臨床研究

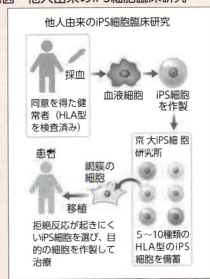

出所：サンケイニュースより引用改変

4 がんの治療

1 がんの3大療法

　日本人の死因のナンバーワンはがんです。これは日本だけでなく、すべての先進国でがんは死亡原因のトップか、そうでなかったとしても上位に位置しています。がんの原因は正確にはわかっていませんが、自己の体のなかで、細胞が制御不能に増殖し、また遠隔の部位にも転移し、放置していればやがて死にいたる病気です。

　現在、子どもの白血病や、大人でもある種の白血病、悪性リンパ腫などの血液のがんは、化学療法や骨髄移植の発達により、治癒が可能となっています。一方、固形がんと呼ばれるもの（胃がんや肝臓がんなど）は、早期発見で治癒するものも多いのですが、膵臓がんや卵巣がんなど発見が困難で、手遅れになりがちながんもあります。

　がんの治療には、化学療法と呼ばれる薬物治療、外科治療、そして放射線治療があります。

（1）化学療法

　化学療法は、固形がんの場合、効果があるものと効果がはっきりしないものがあります。また、副作用も必ずといっていいほど出ます。すなわち、髪が抜けたり、白血球が減少して感染しやすくなったりします。

（2）外科治療

　手術による外科治療は早期にがんを発見した場合、治癒させる可能性が大きい治療ですが、がんがもとの場所以外に転移してしまったときは無力です。

（3）放射線治療

　放射線治療は通常、人間に害を及ぼす放射線をがん細胞に当てて殺してしまう方法です。放射線はがん細胞にとっても毒なのです。もちろん、正常な細胞にもダメージが生じますので、できるだけ正常な部分は被ばくしないように器械が工夫されてきました。

　昔は放射性元素のラジウムやコバルトで外部から体に対して照射しましたが、最近はリニアックという器械で治療するのが一般的です（図3−14）。最近のリニアックの治療法にIMRTという方法がありますが、これによりがんのある部位にだけ、ピンポイントで照射ができるようになりました。このほか、サイバーナイフなども使用されます。脳腫瘍（転移性脳腫瘍も含む）に対してはガンマナイフが威力を発揮します。

以上の3つの方法を組み合わせて最良の結果が出るように治療するのが現代の集学的治療です。たとえば、高齢者に多いがんで、人口の高齢化とともに近年増加している前立腺がんは、比較的進行がゆっくりで、治療の選択肢が多いという特徴があります。すなわち、化学療法（ホルモン療法）、外科療法、そして放射線療法をいずれも単独でまず行い、必要があれば組み合わせることが可能です。

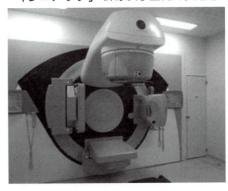

■図3-14　がんの放射線治療の主役「リニアック」（東京女子医科大学病院）

Column 9　がんの緩和ケア

　がんという病気は、進行するとひどい痛みに襲われることがあります。がんの種類によって、その痛みの程度は異なりますが、がん患者の苦痛の除去は、この痛みをどのように緩和するのかということです。

　全国には、2017（平成29）年現在、都道府県がん診療連携拠点病院が47か所あります。これは国として、がん治療の均てん化（どこに住んでいても、国立がん研究センターと同じような診断・治療を受けることができる）を旗印に医療政策として、1県に1つのがん診療連携病院を設立してきました。また、その下に地域がん診療連携拠点病院が全国に351か所ほどあります。

●緩和ケアの中身が変わうた

　緩和ケアといいますと、前述したように、がんが進行して痛みがひどくなった状態を考えがちですが、現在では吐き気も痛みも薬でうまくコントロールして、QOLを落とすことなく、治療も安心して行うことができるようサポートします。また、仕事を続けながらの治療も可能となってきました。

●痛みをとる方法
鎮痛薬を使用する
　1）アスピリン、NSAIDなどの一般的な鎮痛薬を使う。
　2）医療用麻薬を使う（のみ薬以外に注射や坐薬、貼り薬があり、薬をのむことができない場合でも使うことができます）。

神経ブロック
　痛みの原因になっている神経を麻痺させるために特定の部位に注射する方法で、専門のペインクリニックの医師が行います（多くは麻酔科医）。

●入院中に緩和ケアを受ける場合
　1）緩和ケア病棟に入る
　緩和ケア病棟は、専門的な知識と技術に基づいて、体のつらい症状や心のつらさ、苦しみを和らげることを目的とした病棟です。
　2）緩和ケアチーム
　緩和ケア病棟のない病院であっても、もともとの病室に、緩和ケアを担当するチームが診察のために訪問します。緩和ケアチームは、医師、看護師、薬剤師、心理士、ソーシャルワーカーなどの多職種からなるチームです。

●在宅で緩和ケアを受ける場合
　訪問診療を行っている診療所が訪問看護ステーションと連携して、緩和ケアを在宅でもできるようにという動きが増えています。

第4章

外来・入院からリハビリ、医師の仕事まで

1 外来でできること、入院が必要な場合

①平均在院日数の短縮化／②入院から外来へのシフト
③拡大する外来の機能

2 リハビリテーションとは

①注目が高まるリハビリテーション／
②リハビリテーションに関わる職種／③ADLとは／
④病気のステージから見たリハビリテーションの種別

3 医師の仕事とは

①チーム医療における医師の役割／
②医師の業務に関する法規制／
③臨床研修の必修化と大学医局の衰退／
④医師の働き方改革／
⑤医師の権限委譲は進むのか

1 外来でできること、入院が必要な場合

1 平均在院日数の短縮化

　最近は昔に比べて患者さんの平均在院日数がずいぶんと短くなってきているのはご承知のとおりです。もちろん、それには理由があります。以前は出来高払いということもあり、在院日数が長ければ医療費がその分高くなっていましたが、2003（平成15）年から大学病院を中心にDPC/PDPS（診断分類包括評価制度）という診療報酬の支払方式の導入がはじまり、入院期間が長くなればなるほど病院への支払いが減額されることになりました（図4－1、図4－2）。かといって、治療半ばの患者さんを無理やり退院させることはできません。そこで、クリニカルパスと呼ばれる、最短の入院日数で抜けのない質の高い医療を行うのに適した入院診療計画書が多くの病院で使われるようになりました。すなわち、入院日数の短縮は、国にとっては医療費の抑制、病院にとっては診療報酬の減額を防ぐという意味をもつようになってきたのです。

2 入院から外来へのシフト

　一方、もとからわが国よりも平均在院日数が短かった欧米やシンガポールなどでは、入院

■図4－1　DPC/PDPS（診断分類包括評価制度）とは
●医療費の合計は「包括」と「出来高」の合計となります

※処置について、保険点数1,000点以上の処置は出来高請求となります

■図4-2　DPCにおける診療報酬の算定方法

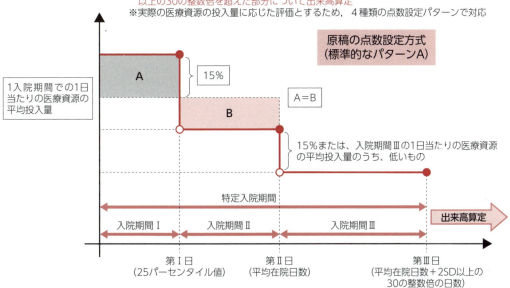

で手術を行うよりは外来で手術をしたほうがよいという考え方があり、外来手術が盛んです。眼科の白内障はもとより、心臓カテーテル治療、鼠蹊ヘルニアの手術などは外来で行われています。

　このように、入院から外来へのシフトが起きています。しかし、急性心筋梗塞など入院が必要な疾患も多くあります。胸痛で救急外来に来た患者さんが、心筋梗塞などの重症の心疾患であるか、あるいは単なる神経痛で入院を要しないかを鑑別することはとても大切なことです。急性心筋梗塞であっても、発症から間もない初回の血液検査では異常を示さない場合もあり、心電図変化もはっきりしない場合があります。冠動脈疾患の多い米国では、胸痛患者観察ユニットが救急外来のそばに設置されていることが多く、正式な入院ではないものの、定期的に看護師が巡回して経過を観察します。そして、血中酵素や継時的な心電図の変化を見ることによって、胸痛がルールアウト（除外）されたらすぐに帰宅させるのです。救急医が一番おそれるのは、大丈夫だろうと思って帰宅させた患者が実は急性心筋梗塞であった場合です。このようなリスクを除くには、胸痛観察ユニットに数時間、患者さんを寝かせて様子を見ることで解決します。

3　拡大する外来の機能

　なぜ入院から外来へのシフトが起きているのでしょうか。入院医療には多額の費用がかかるので、外来で可能なことは外来で済ませて、入院では入院期間は短くして、入院でしかで

■図4-3　シンガポール総合病院（SGH）の入院前
　　　　検査センター

■図4-4　シンガポール総合病院（SGH）の入院前
　　　　検査センター内の様子

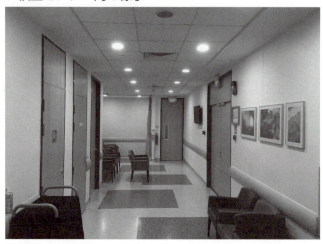

患者は入院の数日前にここを訪れる

きない濃縮した治療を行うというのが現代医療の常識となっています。そこで、入院前に「入院前検査センター」と呼ばれるような、患者の家族歴や病歴、入院検査に必要な感染症関係の採血をあらかじめ入院前の直近の日に行う専用の場所を外来に設けている病院も増えています（図4-3、図4-4）。これは、病棟に入院してから改めて病歴等を調べたりすると、病棟看護師の時間がそこにとられてしまい、肝心な患者さんのケアに割く時間が削られてしまうこと、ひいては同日に入院させることが可能な入院患者数が制限されてしまうことになりかねず、病棟の回転が悪くなるからです。

　欧米の日帰り手術では、患者さんは事前に外来で肺機能や心機能、そして血液検査、手術・麻酔のインフォームド・コンセントなどを済ませておいて、手術当日の午前7時前に病

院に来て手術を受けます。一般の手術室とは別の専用の手術室を設けている場合がほとんどです（図4－5）。

■図4－5　シンガポール総合病院（SGH）の日帰り手術室の入り口

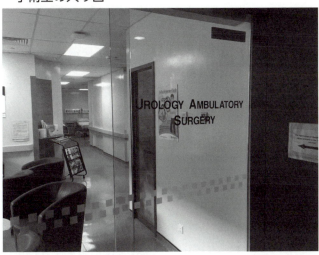

抗がん剤を用いた化学療法も以前は入院で行われていましたが、現在ではほとんどの化学療法が外来で行われており、専門の治療スペースを「化学療法センター」や「外来化学療法室」などと呼んでいます（図4－6）。これにより、患者さんは入院せずに化学療法を継続できることになり、がん患者の社会復帰にも役立ちます。また、病院にとっても外来化学療法加算がとれるようになっており、国としてもこの流れを推進する方向です。

■図4－6　外来化学療法室（東京女子医科大学病院）

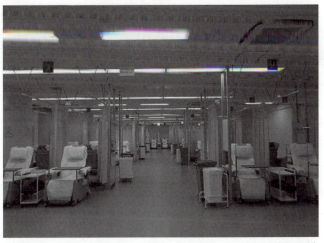

広いスペースにリクライニングチェア41台とベッド5台（計46床）が置かれている

2 リハビリテーションとは

1 注目が高まるリハビリテーション

　リハビリテーションが今ほど注目されたことはありません。読売巨人軍終身名誉監督である長嶋茂雄さんやサッカー元日本代表監督のオシムさんが脳卒中にかかり、その後リハビリを行って社会復帰をされたことは記憶に新しいと思います。

　リハビリには、一度失った機能や権利を回復するという意味が込められています。ですから、必ずしも身体的な能力を喪失した人がその機能を回復するという意味だけでなく、産休で仕事を休んでいた人が仕事に復帰する過程で、短時間勤務から慣らしていくことをリハビリと呼ぶこともあります。本章では、医学的な意味でのリハビリについて解説していきます。

　医療・介護の現場で実施されるリハビリテーションには大きく分けて、次の3つがあります。

(1) 理学療法

　理学療法（physical therapy）は、失われた筋肉などの機能や基本機能の回復を図ること目的に行います。

(2) 作業療法

　作業療法（occupational therapy）は、ある程度動作ができるようになってきた人が「日常生活で必要な作業ができるよう」に訓練を行います。

(3) 言語聴覚療法

　言語聴覚療法（speech therapy）は、声帯や聴覚の機能回復が目的です。最近は脳卒中の後遺症として嚥下障害を改善する手段として注目されています。

2 リハビリテーションに関わる職種

　リハビリテーションに関わる職種（チーム医療）としては、次の4つが挙げられます（図5-1）。

■図5-1　リハビリはチーム医療

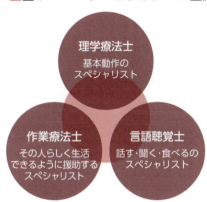

(1) 医師
　医師は患者にリハビリテーションが必要かどうかについて判断して、リハビリが必要と考えられる場合、リハビリの処方（指示）を行います。

(2) 理学療法士（PT）
　PTは歩行練習などの運動療法や、電気・温熱・光線などを使った物理療法を用いて、身体の機能や動作の回復を促し、自立した日常生活が送れるようにバックアップします。

(3) 作業療法士（OT）
　OTは日常生活に必要な食事や入浴の動作や、レクリエーションなどを通して社会復帰をバックアップします。

(4) 言語聴覚士（ST）
　STは「聞く」「話す」「飲み込む」といった作業が困難になった人に対し、聞こえや発声のリハビリや嚥下訓練を行います。

　医師だけでなく、こうしたメディカルスタッフの活躍がなければリハビリはできません。これらの職種がわが国で充足されてきたのは比較的最近のことです。

3　ADLとは

　日常生活で必要な基本的な一連の身体的動作を日常生活活動（ADL：activities of daily living）と呼びます。ADLは食事、排泄、整容、更衣、入浴、起居・移動動作に項目を分けて、それぞれの自立可否を基準にして評価します。広く用いられる指標には、バーセル指数、FIM（functional Independence Measure：機能的自立度評価表）などがあります。QOL （quality of life：生活の質）の指標として医療行為の効果判定基準に健康関連QOLが使用されています。代表的な指標としてSF36、EuroQOLなどがあります。

4 病気のステージから見たリハビリテーションの種別

（1）急性期リハビリテーション

　急性期リハビリテーションは、脳卒中や重症のケガなどが突然的に発生した場合、急に自由に動けなくなることで本来の運動能力などを損なってしまい、廃用症候群（長期にわたり安静にしていることで起こるさまざまな弊害）につながることがないよう予防するためのリハビリです。病気やケガの急性期にリハビリが開始されます。

（2）回復期リハビリテーション

　脳卒中などで、急性期病院に入院しても、急性期のケアが必要でなくなる３週目ぐらいには、退院を迫られることになります。しかし、この時点では麻痺した手足はまだ自宅に帰るほど回復が進んでいないという状態がほとんどでしょう。そこで、以前の生活に少しでも近い生活が送れるようになるまで、継続したリハビリが必要となります。それが回復期リハビリテーションであり、現在では回復期リハビリテーション専門病院も数多く存在します。回復期リハビリテーション病棟は入院施設で、１日最大３時間リハビリに励むことになります。

　しかし、リハビリテーションには、制度上「発症から入院までの期間」「入院できる期間」について、それぞれに期限が設けられています。脳卒中と診断された場合、回復期リハビリテーション病棟に入院できるのは「発症から２か月（60日）以内」の方です。また、診断されてから「発症から最大180日まで」の期限があります。

（3）維持期・生活期リハビリテーション

　「維持期・生活期」のリハビリテーションは、回復期リハビリテーションの時期を過ぎた方が自宅へ戻ってからの「改善は期待できないまでも、状態の維持を目的としたリハビリテーション」と位置付けられています。サービスの一環として、通所リハビリテーションがありますが、これは介護保険から給付されています。その目的は可能な限り自宅で自立した日常生活を送ることができるよう、利用者が老人保健施設、病院、診療所などの施設に通い、食事や入浴などの日常生活上の支援や、生活機能向上のための機能訓練や口腔機能向上サービスを受けることです。

3 医師の仕事とは

1 チーム医療における医師の役割

　現代の医療では、医師だけで医療を行うことはできません。チーム医療といって、医師のほかに、看護師、薬剤師、臨床検査技師、診療放射線技師、臨床工学技士、理学療法士、作業療法士、管理栄養士など多くの医療職の人たちの協力が必要です。たとえば、急性心筋梗塞の治療現場においても多職種の関与がなければうまくいきません（図6-1）。

　しかし、一方で、医師に課せられた加重ともいえる規制があります。すなわち、あらゆる患者さんの治療に対する指示は医師のもとから発せられることが原則であり、口頭指示は原則禁止で、オーダーをパソコンで入力したり、紙に指示を書いたりすることから治療が始まります。さらに、患者さんへのインフォームド・コンセントをとったり、研修指定病院では指導医が研修医の指導・監督をしたりと、多くの業務が医師に求められています。医師には時間が足りないのです。

　欧米においては、いち早く医師の仕事を他の医療職に委譲することによって、医師の負担を減らしています。たとえば、米国では、フィジシャン・アシスタント（physician assistant）という職種があって、心臓外科のバイパス手術のときに、下腿から大伏在静脈を

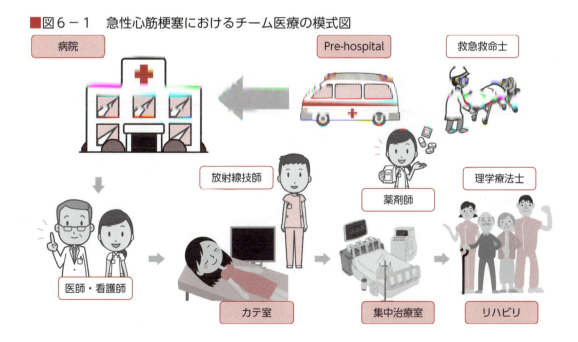

■図6-1　急性心筋梗塞におけるチーム医療の模式図

採取することを外科医に代わって任されたりしています。また、ナース・プラクティショナー（nurse practitioner）は、医師の代わりに、症状が安定した患者さんへ薬を処方したり、簡単な医療的処置を行ったりすることが可能です。日本でも、医師不足が叫ばれたころに、厚生労働省が「チーム医療推進会議」（永井良三座長）を開催して検討を重ねました。

　チーム医療の時代にあっても、医師はチームの旗振り役としてリーダーの役割を果たします。それはこれからも変わらないでしょう。チームを引っ張るリーダーシップが医師に求められます。

2 医師の業務に関する法規制

　医師法第20条には、「医師は、自ら診察しないで治療をし、若しくは診断書若しくは処方箋を交付してはならない」とされています。これを額面どおりに解釈すれば、診療所の窓口に来た患者さんから「今日は薬だけください」と頼まれ、診察なしで処方せんを発行した場合、医師法違反になります。しかし、実際は、「薬だけもらいにきてなぜ悪い」と思っている患者さんも多く（医師法を知らない）、ご家族が本人の代理で処方せんをもらいに来ることがあります。継続して服用しなければならない薬が中断されることは患者さんにとって害となることから、そのような場合には、やむを得ず便宜的にご家族から本人の様子をうかがって、薬を処方するということもあり得るわけです。このように法律の厳密解釈と現実が乖離している場合があります。

　また、患者さんによっては、医師が指示しない限りは、勝手に検査ができないことを知らずに病院に来て、「今日は心電図をとってほしい」という方もいます。これは患者さんが療養担当規則を知らないためで、仕方がないとはいえますが、医療には法令によるさまざまな規制が課せられているのです。

3 臨床研修の必修化と大学医局の衰退

　2003（平成15）年の医師法改正により、医学部を卒業して医師国家試験に合格した者は、医師法第16条の２第１項に規定する臨床研修が必修化され、２年間プライマリケアを中心とした研修が義務付けられました。それまでは、卒後臨床研修は任意であり、なかには臨床研修を受けることなく医師として開業した者もいましたが、必修化以降は医籍登録が二重性となり、研修終了をもって一人前の医師と見なされることから、臨床を志す医師はみな卒後臨床研修を受けることになりました。

　臨床研修必修化直前の厚生労働省の考え方は、それまで任意であった卒後臨床研修がほとんど出身大学病院で行われていたことで、コモン・ディジーズ（よく臨床現場で遭遇する疾患）に関する研修が十分に行われていない（大学病院には難病・奇病が集まってくることが多く、頻度が高い一般的な疾患のトレーニングには向いていない）という批判的な意見でし

た。そこで、卒後臨床研修は大学病院よりも市中の病院で行うべきだということになり、マッチング制度が導入され、学生が臨床研修を希望する病院と病院が採用したい学生が双方とも希望優先順位を出し、その結果で研修先が決まるシステムが導入されました。現在では、大学病院よりも市中病院を選択する学生が増えており、大学病院の医局の弱体化につながりました（図6－2）。その結果、大学医局の医師派遣機能が低下し、診療科によっては、地方の病院で医師不足になる現象が生じました。

■図6－2　卒後臨床研修先として選んだ施設の比較（大学病院対市中病院）

出所：医師臨床研修マッチング協議会資料

4 医師の働き方改革

　さて、このような卒後研修の流れは、研修医は労働者であるという考え方を定着させ、医師であっても、一般の労働者と同じく1日8時間労働が原則で、なるべく残業はしないという方針がとられました。昔は患者さんの容態が悪ければ、夜中も泊まりこんで自分が受け持つ患者さんの治療に当たるのが当たり前と思われていましたので、180度の転換です。最近は、厚生労働省からも、医師の残業は1か月50時間以内にすべきであるとの意見が出され、医療現場の実態と法令のはざまで現場の医師は揺れています。

　政府が2017（平成29）年3月28日にまとめた働き方改革実行計画では、医師は罰則付きの時間外労働規制の対象となりましたが、改正労働基準法施行から5年は適用を見送るとされました。これは医師法に応召義務があるからです。奈良県総合医療センターの産科医が当直に対する割増賃金の支払いを求めた裁判の結果では、「当直時間の4分の1は労働している」「待機時間も呼び出しに応じる義務がある」などとして当直を労働時間と認定しています（図6－3）。現在は、手術前の説明（インフォームド・コンセント）を患者家族の都合に合わせて、夜間に組んでいたりすることがありますが、医師の残業が制限されれば、このようなサービスは難しくなってきます。患者サービスと労働基準法の間で問題が起きそうです。

　私が医師になった40年前は、急性期病院で1人の医師が受け持てる入院患者の人数はだいたい10人ぐらいだったように思います。しかし、現在は医療が高度化し、なおかつDPC／PDPS（診断群別包括支払制度）が導入されて平均在院日数がどんどん短縮されたため、診療密度が濃くなって数人の受持患者しかもてないような状況になってきています（慢性期病院では状況が違いますので、受持患者は20人ぐらいもっていることが多いと思います）。すなわち、医師の数が多く必要となり、かつ医師が忙しくなっているのです。

■図6-3 裁判の判決から見た医師の労働時間
裁判所は産科医の当直時間をすべて時間外労働と認めた

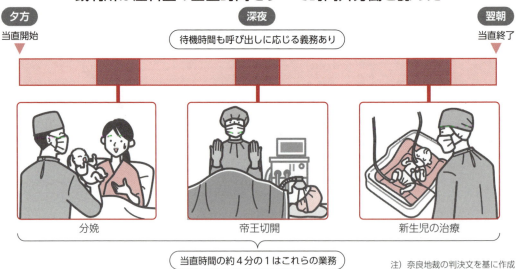

注）奈良地裁の判決文を基に作成
出所：日経スタイル記事をもとに作成

5 医師の権限委譲は進むのか

医療安全については、どこの病院も力を入れています。2007（平成19）年4月から、医療法の改正により医療安全対策の義務化が無床診療所にも適用されています。これに伴い、特定機能病院から診療所まですべての医療機関に医療安全対策が義務付けられました。また、2015（平成27）年秋から始まった医療事故調査報告制度は、医療事故が発生した医療機関において院内調査を行い、その調査報告を民間の第三者機関（医療事故調査・支援センター）が収集・分析することで再発防止につなげるための医療事故に係る調査の仕組み等を、医

■図6-4　医療事故調査制度の概要

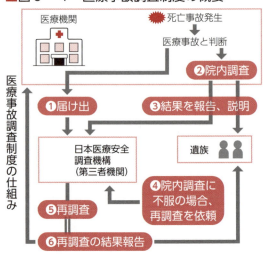

療法に位置づけ、医療の安全を確保するものです（図6-4）。これらの変化が一斉に起こっているのが現在であり、医療を取り巻く環境は複雑になっており、医師の業務はますます増えています。

前述したように、医師が医師でなければできない仕事に専念できるように、医師事務作業補助者等を増やすことが望まれます。医師事務作業補助者とは、医師が行う業務のうち、事務的な業務をサポートする職種です。また、権限委譲もそれにつながるでしょう。

巻末資料

院内の各種委員会と
そこで用いられる医療用語

1 経営会議　　2 保険委員会　　3 薬事委員会

4 医療材料委員会　　5 リスクマネジメント委員会

6 感染対策委員会　　7 栄養管理委員会

8 患者サービス推進委員会　　9 診療情報管理委員会

10 電子カルテ委員会

　病院組織は、診療部、薬剤部、看護部、事務部などの職種単位で部門を構成することが一般的ですので、病院には職種単位の「縦割り」構造になりやすいという課題があります。このため、横串を指す機能として数多くの委員会が設けられ、これらの委員会活動を通じて組織的な病院運営を行っていくという特徴があります。言い換えれば、縦串である「職種」、横串である「委員会」という2つの軸によって、病院はマトリックス構造を持つといえます。

　病院の委員会活動で共通するのは、経営の質と、医療の質を常に両立させる必要があるという点です。たとえば医療材料委員会で材料費の適性化を図る際も、コスト削減効果と安全性等のバランスをどこで取るかを、慎重に判断することが必要になります。このような委員会に参加し、適正な判断を行うためには、ある程度は医療用語に通じておくことが必要です。

　ここでは、病院に設置されている典型的な委員会を挙げ、各委員会と関係の深い医療用語を概説していきます。なお、本書の用語解説は、病院事務職が委員会等で医療職と連携・協働する際の支援を目的としたものであるため、わかりやすさ、シンプルさを重視したものとしています。このため、学術的もしくは制度的に厳密な定義でない概説も含まれている点は、ご了解いただければ幸いです。

経営会議

瀬戸僚馬
東京医療保健大学医療保健学部医療情報学科准教授

1 経営会議とは

　経営会議とは、病院の重要事項において意思決定を行う機能を持つ会議体をいいます。医療法では、病院の管理者（いわゆる病院長）は医師（主に歯科医療を行う病院では歯科医師）をもって充てることが義務づけられているだけで、その管理体制に細かい定めがある訳ではありません。しかしながら、計画的に組織運営を行うためには、会議体の場で意思決定を行うことが一般的です。このため、日本医療機能評価機構が行う病院機能評価の評価基準においても、定期的に「意思決定会議」を行うことを求めています。この意思決定会議の名称は病院によって異なり、経営会議、病院運営会議、管理会議等の名称が用いられています。もっとも、これら会議にどこまでの権限を持たせるかも、病院によって著しく異なります。もとより医療法の規定によって病院の管理権は病院長にあり、その権限を病院長の意に反する形で会議体に移転することには自ずと無理があります。したがって、経営会議の位置づけは、それ自体を意思決定機関として位置づけるよりも、病院長による意思決定を支援するための諮問会議と位置づけることが一般的です。

　資産の取得や職員の採用など財務や人事に関する意思決定は経営判断に属する事項であるため、根源的には、その病院を経営する法人の理事長等の開設者に決定権があります。他方で、大規模な支出を伴う場合（手術に用いる高額な医療機器の取得など）や、病院の収入に大きな影響を与える場合（新規病棟の開設など）は、経営判断である一方で、診療体制や病床機能にも大きな影響を与えることになります。特に、医療法第30条の7では、開設者（法人の理事長等）にも、病院の管理者（病院長）にも、「病床の機能に応じ、地域における病床の機能の分化及び連携の推進に協力し、地域において必要な医療を確保する」役割を果たすことが課せられており、よって診療体制や病床機能に影響を及ぼす経営判断は、病院長によっても重要な検討事項になり得ます。よって、これらの経営判断についても、経営会議で審議を行うことが一般的です。

　経営会議は、病院長（医師）、副院長（医師の他、看護師や事務職を充てることもあります）や、主要部門の部長職、事務部門では人事や経理部門の課長職を含めて構成することが典型的な構成例です。なお、経営企画に特化した部署を持たない病院も多いため、経営会議の事務局機能は、病院によって著しく異なるのが現状です。

2 経営会議で用いられる医療用語

　経営会議で用いる医療用語は限られているため、病床区分に関係する用語を挙げておくことにします。病床数やその使途は病院の収入に大きく影響するため、経営会議での重要な審議事項となります。他方、病床区分には、どのような疾患や状態の患者を入院させるか等の詳細な施設基準が設けられており、この施設基準には医療用語も数多く含まれています。ここでは、施設基準との関係の深い医療用語を中心に紹介します。

▶緩和ケア：

　緩和ケアとは、がん等の生命を脅かす病気の患者に対して、その病気に伴う心を体の痛みを和らげることをいいます。このような病気に罹ると、身体的な痛みや倦怠感（だるさ）はもちろん、不安やうつ状態等の精神的苦痛、経済的問題などの社会的苦痛、人生の意味を悩み続ける等のスピリチュアルペインが生じると

巻末資料

いわれています。そのため、病気が進行してからではなく、これらの病気と診断された時点で段階的に緩和ケアを行っていく考え方が、現在では浸透してきています。診療報酬では「緩和ケア病棟入院料」が設けられており、悪性腫瘍や後天性免疫不全症候群の患者を対象に1人あたりの病床面積を増やして家族の控室等も設け、緩和ケアを行う医師等を配置する体制が評価されます。また、「外来緩和ケア管理料」では、がん性疼痛を持ち麻薬を投与している患者に対し、その症状緩和等の支援が評価されます。いずれも、緩和ケアに関して専門教育を受けた医師、看護師、薬剤師等のチームを構成し、そのチームで患者と家族を支援することが基本です。

▶ 意識レベル：

意識とは、外からの刺激を受け入れ、また、自分の状態を外に表出できることをいいます。すなわち、名前を聞かれてもいえないような状態、さらには音声や接触などを認知できない状態などの場合、意識障害を疑うことになります。もっとも、意識障害には、覚醒しているがはっきりしない状態から、刺激を与えても反応しない状態まで多様な段階があるため、医療従事者間で患者状態を共有するには、統一された表現体系を用いることが必要になります。そこで、ジャパン・コーマ・スケール（JCS：Japan Coma Scale）や、グラスゴー・コーマ・スケール（GCS：Glasgow Coma Scale）などの尺度を用いて表現した意識障害の段階を、意識レベルといいます。JCSの場合、意識障害をI-1（だいたい意識清明だが、今ひとつはっきりしない）から、Ⅲ-300（痛み刺激に反応しない）までの9段階に分けて表現します。また、GCSの場合は、開眼、言語反応、運動反応に分けてそれぞれ4～6段階で表現します。診療報酬制度において集中治療室（ICU: Intensive Care Unit）に収容する対象となる状態の1つに、意識障害があります。

▶ Hugh－Jones（ヒュー・ジョーンズ）分類：

呼吸困難の程度を表す指標です。呼吸困難の原因は多様ですが、息を吸ったり吐いたりする運動が正常にできない状態、すなわち換気障害によって起こるものが多いといえます。この換気障害の治療に際し、日常生活にどの程度の影響を及ぼしているか把握する尺度として用いられているのが、Hugh－Jones分類です。もっとも軽い「Ⅰ 同年齢の健康者と同様の労作ができ、歩行、階段昇降も健康者並みにできる」から、「Ⅴ 会話・着替えにも息切れがする。息切れの為外出できない」まで、5段階で表現します。なお、心不全などの循環障害によって呼吸困難を生じる場合もありますが、この場合は心不全の程度を示すNYHA（New York Heart Association）分類を用います。診療報酬制度において集中治療室（ICU: Intensive Care Unit）に収容する対象となる状態の1つに、呼吸障害があります。

▶ 危険行動

危険行動とは、患者自身が身体に傷害をもたらし、もしくは治療に悪影響を与える行動を取ることをいいます。危険行動は、認知症などの疾患や、治療に伴って生じた「せん妄」等によって生ずることが少なくなく、具体的には治療や検査に伴って挿入されたチューブ類や点滴ルート等を自己抜去する、徘徊して転倒・転落する等が多くみられます。これらの危険行動は病態に関連して発生するものであるため、危険行動の回避は医療従事者にもある程度の責任があるものと解されています。よって、病室での喫煙や暴力を振るう等の患者が意図的に行う迷惑行為とは、分けて対策していくことが一般的です。危険行動の有無は、一般病棟に適用される「重症度、医療・看護必要度」の評価項目の1つになっています。

67

保険委員会

瀬戸僚馬
東京医療保健大学医療保健学部医療情報学科准教授

1 保険委員会とは

保険医療機関（病院）が審査支払機関（支払基金や国保連合会）に保険請求を行った際、傷病名に対する適応がない診療行為、もしくは過剰・重複と判断された診療行為は、保険給付しないと判断されることがあり、これを「査定」といいます。このような査定事例を振り返ってその是正に努めたり、保険制度の改定に伴って診療に影響を及ぼす事項を共有し対策を検討したりすることを目的に、保険委員会が設置されます。また、一部の診療報酬では、その病院内の体制を整備することを前提に算定が可能となっており、その「施設基準」を満たすための体制整備も、これらの委員会の1つの役割です。さらに、DPC対象病院の場合は、適切なDPCコーディングのための委員会を設置することが義務づけられていますので、その機能を持たせた委員会とする病院もみられます。

保険委員会の構成員は、各診療科を代表する医師や、薬剤部など保険請求に直結する部門の代表者、医事部門の代表者などです。各診療科の医師に指導や依頼を行うことが多い性質上、保険委員会の委員長には、副院長などの経営幹部か、各診療科の責任者（外科部長など）を充てることが多くみられます。

2 保険委員会で用いられる医療用語

保険委員会では、高額の査定になり得るもの、つまり高額な医薬品や材料などが話題にのぼりやすいといえます。

▶ニコチン依存症：

ニコチンは神経伝達に影響を及ぼす物質の1つであり、タバコ依存の大きな原因となっています。喫煙常習者の場合は30分程度でいわゆる「ニコチン切れ」を起こし、その結果、タバコを吸い続けることが生活習慣となってしまっています。このため、現在では喫煙常習者のことを精神疾患の一種である依存症と位置づけ、喫煙本数との相関がある呼気中一酸化炭素濃度の測定を行いながら、必要に応じてニコチンガム、ニコチンパッチ等も用いながら、喫煙習慣を止めるように支援していく治療が行われています。診療報酬制度では、これらの治療を行う患者に対してニコチン依存管理料を算定できるとしており、同管理料を算定する医療施設は、敷地内禁煙が条件となっています。

▶カルバペネム系抗生物質製剤：

敗血症、外傷・熱傷および手術創等の二次感染、骨髄炎、肺炎など、他の抗生物質での治療が困難な感染症で用いられる抗生物質です。先発品（チエナム®など）の薬価が1,000円を超え、比較的高価な抗生物質です。なお、カルバペネムに耐性を持つ腸内細菌科細菌（CRE）は、治療が困難な場合も多いことから「悪夢の耐性菌」と呼ばれています。このように耐性菌が重大な問題となる抗生物質製剤については、医師が自由に用いるのではなく、届出制にしたり、サーベイランスの対象とする等の方法で、適正使用のための組織的介入を行っている病院も少なくありません。

▶新鮮凍結血漿：

献血によって得られた血液から白血球の大部分を除去し、分離した新鮮な血漿を凍結したものです。凝固因子を補充し、出血を予防したり、止血の促進する目的で用いられます。循環血漿量減少の改善目的や、たんぱく質源としての栄養補給で使用することは、不適切といわれています。

新鮮凍結血漿を含む輸血製剤は献血をもとに製造されており、その供給には限りがある上に、感染症のリスクを完全に否定できないという特徴があります。このため、輸血療法を行う際は厚生労働省の「輸血療法の実施に関する指針」等を遵守していることが求められ、指針を逸脱した使用は、査定の対象になりやすいといえます。

▶シート状組織接着剤：

シート状組織接着剤とは、スポンジ状のシートで構成され、片面に接着剤成分を備えた組織接着剤です。組織に触れると体液で接着剤成分が溶解し、使用した部位の組織との間に凝固反応を生じることで、その組織との接着を図る目的で使用します。おもに手術に用いますが、高価であることに加え、ウマの血液等を原料としており感染症リスクを否定できないことから、縫合あるいは接合した組織から血液、体液または体内ガスの漏出をきたし、他に適切な処置法のない場合に限って用いることとされています。

▶化学療法：

化学療法とは、化学物質の毒性を活かして疾患の原因を排除し、または増殖を阻害する療法です。リウマチ等の自己免疫疾患や、結核等の感染症にも用いられますが、がんの治療目的で行われることが最も多い。従来、がんの化学療法は入院で行うことが前提でしたが、有効性が高く、副作用の少ない抗がん剤が増えてきたことによって、外来での治療が可能になってきました。抗がん剤を投与する場合、有効性や安全性を考慮してレジメンと呼ばれる標準的な治療計画を作成し、これに沿って治療を行うことが一般的です。注射料に外来化学療法加算を算定する場合は、このレジメンの妥当性を評価するための委員会を開催することが義務づけられています。

▶腫瘍マーカー

腫瘍マーカーとは、腫瘍の動態を把握するために使用できる、体内の物質をいいます。腫瘍が発生すると、その腫瘍の種類によって、体内で特徴的な物質を産生することがあります。この物質のうち血液検査等によって定量的に測定できるものを「マーカー」と位置づけることで、治療効果の測定等に役立てることができます。肝がん等に用いられるα-フェトプロテイン（AFP）や、大腸がん等に用いられる癌胎児性抗原（CEA）など多様なマーカーが存在します。なお、腫瘍マーカーは種類によっては高価であるため、腫瘍マーカーの算定には、画像診断や超音波検査の結果など、悪性腫瘍を疑った根拠を明確にする必要があります。もとより健診目的で保険診療を行うことは認められていませんので、漠然とした理由で腫瘍マーカーの検査を行うと、査定の対象となります。

薬事委員会

若林　進
杏林大学医学部付属病院薬剤部医薬品情報室担当

1 薬事委員会とは

　病院における医薬品の適正な運用に関する事項を審議する組織です。病院によっては、薬事審議会、薬事審議委員会などと呼ばれることもあります。

　薬事委員会では一般的に、①新規医薬品の採用可否、②医薬品の購入に関する協議、③医薬品による副作用情報の収集、④医薬品の適正使用の評価、⑤在庫医薬品の活用やデッドストック防止に向けた協議、⑥採用している同種同効薬の整理、⑦製薬企業が行う市販後調査に関する審議、⑧医薬品の回収やトラブルに関する対応、⑨病院医薬品集の作成、⑩医薬品費削減を目的とした検討、⑪院外処方で使用される医薬品の採用協議、⑫新規院内製剤の調製に関する協議、⑬保険薬価収載以外の医薬品使用に関する協議、⑭ジェネリック医薬品導入に関する検討、⑮その他、臨床検査薬品を含めた検討、などが行われています。医師、薬剤師、看護師、臨床検査技師、リスクマネージャー、医事担当職員、購入担当職員などによって構成され、薬剤部門に運営事務局を設けている施設が多いようです。

　病院で採用する医薬品は、規定を設けて選択しているのが一般的です。日本医療機能評価機構の病院機能評価 3rdG：Ver.1.1の評価項目にも「新規医薬品の採用の適否と採用医薬品の品目削減に向けた検討」が記されていて、病院全体の採用医薬品をマネジメントすることが必要とされています。したがって薬事委員会での審議事項でも、新規医薬品（新薬）の採用可否が中心となっています。新薬の採用申請形式について、院内採用申請（院内に医薬品を購入し在庫を置く許可）、院外採用申請（院内には医薬品を購入しないで院外処方で発行できる許可）、臨時採用申請（患者限定などで医薬品を購入する許可）などの形式を用いているところが多いようです。一般的に多くの施設では、院内採用する医薬品の削減に取り組んでいて、院内採用するものは厳しく厳選しています。1つの医薬品を院内採用する際には、不要となる1つの医薬品の院内採用を取りやめて採用取消とするような「一増一減」を原則とする施設も多いです。

2 薬事委員会で用いられる医療用語

▶医療用医薬品添付文書（添付文書）：

　「医薬品、医療機器等の品質、有効性及び安全性の確保等に関する法律」第52条で規定された公的な文書で、すべての医薬品情報の基本ともいえる情報源です。医薬品の包装に添付されているため「添付文書」と呼ばれていて、効能・効果、用法・用量、禁忌、副作用、相互作用などの情報が掲載されています。

▶医薬品インタビューフォーム（インタビューフォーム）：

　添付文書などの情報を補完した情報源です。添付文書は掲載スペースが限られているため、日本病院薬剤師会が作成した記載要領を元に各製薬企業が作成している学術資料です。添付文書だけではわからない、様々な医薬品情報が掲載されています。

▶医薬品リスク管理計画（RMP；Risk Management Plan）：

　その医薬品の、①安全性検討事項（重要な特定されたリスク、重要な潜在的リスク、重要な不足情報）、

②医薬品安全監視活動（市販後の情報収集について）、③リスク最小化活動（情報提供について）を製薬企業がまとめた情報源です。その薬について、どのような点に注意して使用しなければならないか、安全に使用するためにどのような使用制限がなされているか、医療従事者向けや患者向けにどのような適正使用のための資材が作成されているか、などの情報が掲載されています。

▶MR（Medical Representative；医薬情報担当者）：

　MRは製薬企業の営業職に該当します。「医薬品、医薬部外品、化粧品、医療機器及び再生医療等製品の製造販売後安全管理の基準に関する省令」では「医薬情報担当者とは、医薬品の適正な使用に資するために、医療関係者を訪問すること等により安全管理情報を収集し、提供することを主な業務として行う者をいう。」と定義されています。また、公益財団法人MR認定センターのMR教育研修要綱には、「MRとは、企業を代表し、医療用医薬品の適正な使用と普及を目的として、医療関係者に面接の上、医薬品の品質・有効性・安全性などに関する情報の提供・収集・伝達を主な業務として行う者をいう。」とも定義されています。つまり、一般的な営業職は販売促進活動が業務の中心になっているのに対して、MRは適正使用や、安全性情報の収集や提供が業務の中心になっています。MRは認定資格となっていて、MR認定センターが実施する「MR認定試験」に合格した者がMRになることができます。MR認定の有効期間は5年間で、認定期間内に継続的な教育・研修が必要となっています。MRの業務は医薬品の情報提供や、副作用などの情報収集が中心となりますが、医薬品の宣伝活動が中心となってしまっているMRがいることも事実です。宣伝活動によって、患者への処方内容が変わってしまうことは、適正使用の観点からは好ましいとは言えません。医療機関としては、MRによる院内での宣伝活動を監視・管理し、不適切な宣伝活動を防がなければなりません。

▶新薬ヒアリング：

　新薬が承認されると、製薬企業のMRは新薬の情報提供を医師や薬剤師に行い、宣伝活動を行っていきます。適正使用の観点からもMRによる宣伝活動が始まる前に、その医薬品の概要を把握しておくことが大切です。そのために新薬ヒアリングを行い、製薬企業より情報収集を行います。

　まず製薬企業のMRは、薬事委員会の事務局へ新薬ヒアリングの申込みを行います。そして、指定日に病院スタッフに対して説明会形式の新薬の情報提供を行います。その後、その薬の疑問点に対して質疑応答を行っていきます。新薬ヒアリング時には、発売される医薬品の添付文書、医薬品インタビューフォーム、様々なパンフレット類、文献などによって情報提供が行われます。新薬ヒアリングの参加者は薬剤師が中心となりますが、医師や看護師や事務職が同席する施設もあります。病院内に限定されたメンバーへの情報提供となりますが、参加メンバーでその医薬品について問題がないか、宣伝活動について問題がないかなどのチェックを行っていきます。

▶医薬品安全性情報報告制度：

　医薬品が発売されると不特定多数の患者に使用されるため、臨床試験では予測できなかった副作用や相互作用が発見される可能性があります。このために医薬品の発売後に副作用情報を収集することが大切で、医薬品・医療機器等安全性情報報告制度に基づき、医薬品医療機器総合機構（PMDA）が副作用情報の収集を行っています。製薬企業は医薬品の発売後に副作用情報を収集することが求められていて、新薬発売後6ヶ月間に行われる「市販直後調査」や、医療機関と契約して行う「使用成績調査」や「特定使用成績調査」が実施されます。医薬関係者は製薬企業が行うこれらの調査に協力する義務があります。また、医薬品による副作用および感染症によると疑われる症例を発見した場合、「医薬品安全性情報報告書」を用いてPMDAへ報告することが求められています。

医療材料委員会

高田敦史

九州大学病院 メディカルインフォメーションセンター
薬剤師・上級医療情報技師

1 医療材料委員会とは

　一般的に、診療するために必要な材料を医療材料と呼びます。病院内で使用する医療材料は多岐にわたります。病棟で点滴注射の処置を行う場面を例にとると、注射薬の入っているバイアルから内容を抜きとるためのシリンジや針、点滴ボトルに繋ぐライン、クレンメ、患者さんに挿入する留置針、絆創膏、アルコール綿、駆血帯などの医療材料が必要となります。

　これら一つ一つの医療材料を利用者個々の好みで購入し利用していくことは、購入コストがかかり経費が嵩むことは明らかです。更には同じようなものが多くあると、間違いを誘発する恐れがあることから、医療安全の面からも多大な問題が生じます。そのため病院として利用する医療材料を、その有効性はもちろん、利用者の利便性や個別のコスト、類似品の有無などといった面から多角的に判断して、予め採用の有無を決定しておく必要があります。

　医療材料委員会では、医師や看護師・検査技師といったメディカルスタッフ、調達部門や経理部門の事務職員などから構成されます。構成員それぞれの専門的見地より病院にとって必要と考えられる医療材料を導入することを決定します。医療材料委員会で承認された医療材料は物流システムに登録することで利用が開始されますが、登録品目は病院によっては年間3,000品目を越えています。そのため入力間違いを防ぐ観点から、網羅的データベースから標準的コードを利用して物流マスタを展開していく仕組みが構築されています。

2 医療材料委員会で用いられる医療用語

　医療材料の分類方法として、以下の分類方法が規定されています。

▶医療材料の分類（保険請求上での分類）

　材料自体での請求か、一連の手技に包括されての請求かに分類されます。新規の医療材料であれば、その新規性に応じて保険点数を上乗せする加算制度があります。

　＊特定保険医療材料

　　医療用医薬品と同様に、公定価格（基準材料価格）が定められている材料です。人工血管、カプセル型内視鏡、膀胱カテーテルなどがあります。

　＊保険医療材料

　　手技料などに包括されているため、物品単独の価格が定められていない材料となります。特定の技術を行うために必要とされる材料がこれにあたります。眼内レンズ（水晶体再建術に含まれる）、超音波検査装置（超音波検査に含まれる）などがあります。

　＊一般医療材料

　　消耗品と同様、保険請求をすることができない材料となります。汎用の手技に広く利用される材料であるため、技術料に含まれています。縫合糸、採血用注射針などがあります。

▶医療材料の分類（医療機器クラス上での分類）

　「医薬品、医療機器等の品質、有効性及び安全性の確保等に関する法律」（医薬品医療機器等法、薬機法）

に基づいて、人体への影響度合いに応じて分類したものです。クラス分類Ⅰ、Ⅱ、Ⅲ、Ⅳ の 4 段階からなり、数字が大きくなるほど人体への影響は大きくなります。

＊一般医療機器（クラス分類Ⅰ）

不具合が生じても、人体への影響は軽微とされるものです。注射のキャップや穿刺針といった小さなものから、水銀柱式血圧計、ラジオイムノアッセイ装置といった測定装置的ものまでこの分類となります。厚生労働省へは届出が必要となりますが、公的審査は必要ではありません。

＊管理医療機器（クラス分類Ⅱ）

不具合時に、人の生命をおびやかすものであったり、重大な機能障害に直結する可能性が低いものです。心電図モニタ、電子体温計、医用電子血圧計、ポータブルデジタル式汎用Ｘ線診断装置などがあります。厚生労働省からの承認、認証が必要となり、その申請には「医薬品医療機器総合機構」（PMDA）などによる公的審査を必要とします。

＊高度管理医療機器（クラス分類Ⅲ、Ⅳ）

人体に対するリスクが高いものを指します。クラス分類ⅢとⅣとは人体への侵襲性の度合いで区別されますが、どちらにしても不具合時には生命の危機に直結します。クラス分類Ⅲには、インスリン皮下投与用注射筒、マイクロカテーテル、医薬品投与マルチルーメンカテーテルなどがあります。クラス分類Ⅳには、中心静脈用カテーテル、脳脊髄用ドレーンチューブ、植込み型心臓ペースメーカなどがあります。厚生労働省による許可が必要となり、管理医療機器と同様、申請にはPMDAなどによる公的審査を必要とします。

▶保険償還価格（基準材料価格）

医療材料のうち単体で保険請求できるもの（特定保険医療材料）について定められている公定価格を保険償還価格と呼びます。厚生労働省によって保険請求上の分類ならびに価格が算定され、中医協の承認の上で保険収載されます。市場価格や海外価格などを検討の上、診療報酬改訂の際などに価格が見直されることがあります。

▶SPD

Supply（供給）、Processing（加工）、Distribution（分配）の頭文字をとってSPD と称されます。病院全体の医療材料の物流を管理するシステムであり、医療材料の適正使用を推進し、経費を削減する目的から、SPDシステムの導入が進んでいます。

▶GS１ データバー・JAN コード

物品毎に製造、販売メーカによって規定される、標準商品コードを、JAN コードと呼びます。JANコードに有効期限、ロットなどの補助情報を加えたものをGS１ データバーと呼び、医療材料においてはGS１-128［UCC/EAN128］という規格で規定されています。これは、日本医療機器関係団体協議会による「医療材料商品コード・バーコード標準化ガイドライン」に準拠して採番されます。

▶JMDN コード（分類番号）

Japanese Medical Device Nomenclature の頭文字をとったものです。欧州で規定された医療機器関連の一般的名称リストである、GMDN（Global Medical Device Nomenclature）の日本版となります。数字８桁からなるコードとなります。

リスクマネジメント委員会

山下小百合
公立福生病院看護部看護科長・認定看護管理者

1 リスクマネジメント委員会とは

　院内で発生したインシデントや事故を収集し、その対策を検討し、指導する。また、発生・再発予防の為の活動を行う組織です。日本における医療安全対策への取り組みは、1999年の患者取り違え事故を受け、2001年4月に、厚生労働省医政局総務課内に医療安全推進室他が設置され、国として医療安全対策が開始されました。

　2002年には医療法施行規則において、病院および患者を入院させるための施設を有する診療所（有床診療所）への医療安全管理体制の整備が義務付けられました。①医療に係る安全管理のための指針を整備する。②医療に係る安全管理のための委員会を開催する。③医療に係る安全管理のための職員研修を開催する。④当該病院における医療事故等の医療に係る安全の確保を目的とした改善のための方策を講ずる。さらに、特定機能病院や臨床研修病院には、医療機関内に安全管理を行う医療安全管理者の配置を行うこととし、特定機能病院には、専任の医療安全管理者の配置が義務付けられました。

　リスクマネジメント委員会の委員は① 副院長（委員会の委員長を務めるものとする）
　② 医療安全推進者（兼任を可とする）③ 各診療科部長④ 看護部長⑤ 薬剤部長⑥ 検査部長 ⑦ 事務長⑧ 医事課長⑨必要に応じて病院長が同席する。などの構成で、病院毎に医療安全の指針等で規定しています。診療報酬の要件では、委員会は定期的に開催することとなっており、最低でも月1回程度の定期開催としています。

　委員会では、収集した情報の分析や、再発防止策の策定や評価、事例の共有、医療安全活動の検討などを行って病院長に報告します。診療報酬では医療安全対策加算Ⅰ・Ⅱの加算が算定されています。

2 リスクマネジメント委員会で用いられる医療用語

▶**インシデント／インシデントレポート：**

　インシデントとは、実際には事故につながらなかったが、重大な事故になっていたかもしれない事態のことを言い、医療現場では、ヒヤリ・ハットとも言います。インシデントは影響度によって分類され、レベル5死亡、レベル4b永続的中等度～高度、レベル4b永続的軽度～中等度、レベル3b一過性高度、レベル3a一過性中等度、レベル2一過性軽度、レベル1なし、レベル0患者に実施されなかった、と分類されます*。

　この内容をレポートするのがインシデントレポートです。インシデントレポートの報告で、事例を収集して対策を講じるなど、事例を振り返ることにより、医療事故の発生の防止、他のインシデントに気づくことに役立ちます（*国立大学附属病院安全管理協議会による分類）。

▶**ヒヤリ・ハット：**

　ヒヤリ・ハットとは、患者に実施されていないがもし実施されていたら実害が発生する、若しくは発生する可能性がある事象を表現する用語として医療安全の委員会で用いられている用語です。例えば、床に水滴があり、事前に気づいて拭き取ったといった事例では、もし患者が水滴の上を歩行し転倒する危険性がある、転倒して外傷を負う可能性もありますのでこのような場合、ヒヤリ・ハット事例としてインシデントレポー

巻末資料

トで報告することで事故を未然に防ぐことができ、事故防止に有効な情報となります。

▶自己抜去：

患者は治療・処置の為、チューブ類を体内から対外に留置していることがあり、点滴静脈内注射や胃管カテーテル、尿道留置カテーテル、挿管チューブなどがあります。これらのチューブは体表面に医療用の糸で体に縫合したり、テープで固定することにより抜けないように管理されていますが、患者が意識障害、認知症、乳児・幼児など判断能力の低下があり、自らチューブを抜いてしまうことも少なくありません。

チューブ類の自己抜去防止には、不要なチューブは抜く、抜かないよう観察する、治療上やむを得ない場合は適切な評価に基づき身体拘束の実施などの対策も必要です。

▶薬剤誤投与：

薬剤の取り扱いを誤った結果です。薬剤には注射剤、内服薬、吸入薬、塗布薬等がり、誤りの種類には、患者、薬剤の種類、投与量、投与時間、投与方法があります。患者への薬剤投与は医師、薬剤師、看護師が関わっており、医師の指示、薬剤師による調剤、看護師の指示受けと投与等といった各職種の役割があります。各職種はその役割業務において、間違いが無いように薬剤を指差呼称で確認することや、複数人で確認作業を行う、患者にフルネームで名乗ってもらうなどして誤投与防止を図っています。

注射剤・点滴製剤などは容器の形態や印字されている薬剤名が類似していることで取扱いを誤るケースもありますので、確認のルールを順守して間違いを防止しています。

▶転倒・転落：

転倒や転落のインシデントは、患者が自身で行動した結果発生するものと、医療従事者が介助、もしくは近い場所で見守っている際に発生することがあります。転倒は患者の病室やトイレ等で発生することが多く、転落はベッド周辺や椅子、車椅子からの転落があります。

転倒や転落の要因は複雑で、患者自身にある場合と環境にある場合があり、予防対策には転倒・転落のアセスメントツールを活用して未然に防止する対策がとられています。発熱によるふらつきや、薬剤（睡眠剤や向精神薬など）の影響、日常生活範囲が拡大するときも転倒発生に影響し、履物や床の状況、衣服や寝具も転倒の要因になります。

転倒や転落は外傷や骨折といった実害に至ることも多く、高齢者では大腿骨の骨折時に肺炎や血栓症の合併症により重篤な状態に陥ることも少なくありません。

▶患者誤認：

患者誤認は様々な場面で発生する事象です。例えば、医療行為を実施する際に薬剤の指示簿に示された患者名と同姓患者を誤認する。書類を渡す際、患者確認が不十分なために他者の書類を渡してしまう、医療従事者が一方的にフルネーム確認を行い、患者が誤って返答するなどの患者誤認により発生するインシデントや事故も過去に多く発生しています。医療現場では患者誤認防止策として、入院患者にネームバンドを装着してもらい、バーコード認証で注射を実施したり、ネームバンドに示された患者名と患者本人にフルネームを名乗ってもらい照合することで患者誤認を防止しています。

感染対策委員会

小美濃光太郎
公立福生病院医療安全管理室

1 感染対策委員会とは

　院内感染の予防と感染症発生時に適切かつ迅速な対応を行う、通常は感染予防対策に関する医療機関内の諮問機関です。

　厚生労働省は「院内感染対策委員会」について、病院長等の医療機関の管理者が積極的に感染制御にかかわるとともに、診療部門、看護部門、薬剤部門、臨床検査部門、洗浄・滅菌消毒部門、給食部門、事務部門等の各部門を代表する職員により構成され、院内感染に関する技術的事項等を検討するとともに、雇用形態にかかわらず、全ての職員に対する組織的な対応方針の指示、教育等を行う機関としています。

　医療機関では、各部署からの感染予防対策に関する情報は、すべてこの感染対策委員会に集約され、状況に応じた対応策が現場へ還元される体制が整備されており、集団感染（アウトブレイク）、またはそれを疑う事象が発生した場合には、臨時の委員会を招集し、より迅速な対応策の実施を指揮します。

　また、普段から院内全体で活用できる総合的な院内感染対策マニュアルを定め、最新の科学的根拠や院内体制の実態に基づき、適時見直し、改訂することも役割の一つです。

　感染対策委員会は、院内外で働くすべての医療従事者を対象に、感染予防対策に関する情報を提供すると同時に、感染予防対策に対する職員の意識を向上させ、安全・安心な医療を提供する重要な委員会の一つです。

2 感染対策委員会で用いられる医療用語

▶感染症：

　動物（ヒトも含む）、水、大気、土壌などに存在する病原性のある微生物（病原体）が、人の体内に侵入（感染）し増殖することで症状（発熱、発疹など）を引き起こす病気のことを言います。

　感染症は、がんや糖尿病、骨折といった疾患とは違い、感染を発症した患者から別の患者、スタッフへと伝播する（うつる）という特徴を持っています。そして、この感染症を引き起こす主役である病原微生物は、私たちの目で見ることができないので、さらにやっかいなのです。

▶院内感染

　医療施設で患者やスタッフが新たに感染症に罹患する（罹ってしまう）ことをいいます。特に、患者では、もとの疾患とは別に、入院後48時間以降に罹患したものと定義されています。

　入院患者は感染に対して抵抗力が低下している人が多く、普段、私たちには害を及ぼさない微生物によっておこる感染（日和見（ひよりみ）感染）にも注意が必要です。

▶標準予防策（スタンダードプリコーション）

　病原微生物の感染・保菌の有無に関係なく、あらゆる医療現場で、すべての患者の医療処置やケアの際に行う感染予防策のことを言います。主な対策として、手指衛生（手洗い）、個人防護用具の適切な使用（マスクや手袋の着用）があります。

　外来受診時や入院中に、患者が病原微生物に感染しているかどうかは、検査をしない限りわかりません。

巻末資料

感染症の有無がわからないからといって感染予防策を実施しないと、気づかないうちに病原微生物が伝播してしまいます。そのため、すべての患者に標準予防策を行い、患者、スタッフ双方を感染から守ります。

▶薬剤耐性（AMR）

病原微生物が通常は有効性が期待される薬に対し、その薬に負けない（＝耐性を持つ）機能を獲得することをいいます。薬剤耐性を獲得した感染症は重症化しやすいため、入院期間が延長するなど医療経済的にも大きな負担を生じます。

世界保健機関（WHO）は、世界中で早急に取り組むべき問題として薬剤耐性対策をあげています。また、日本では、平成28年4月に政府が「薬剤耐性対策アクションプラン」を発表し対策が進み始めました。

▶感染症法

感染症対策の基本的な法律で、正式には「感染症の予防及び感染症の患者に対する医療に関する法律」と言います。1999年（平成11年）4月に施行されました。

この法律では、国民の健康への影響や危険性を総合的に判断して、感染症を1類から5類に類型化し、それぞれの対応や、国が実施している感染症発生動向調査（サーベイランス）のための届出制度などを定めています。

また、新型インフルエンザなどの未知の感染症にも素早く対応できるように指定感染症、新感染症などを指定することができます。

▶感染対策チーム：ICT

感染制御チームInfection Control Team（ICT）は、比較的病床規模の大きい医療機関において、感染予防対策に係る活動を行うチームのことを言います。感染対策委員会とは別に組織され、いわば感染予防対策の実働チームです。

メンバーは、通常、感染予防対策の中心的な役割を担う、常勤医師、感染管理に係る適切な研修を修了した看護師、薬剤師、臨床検査技師を含む、各部署からの専任のメンバーで構成されています。

院内の感染予防対策の実施状況を把握する「感染予防ラウンド」の実施や、職員に対して「感染予防講習会」を開催するなど、組織横断的な活動を行なうチームです。

▶サーベイランス

サーベイランスとは、一般的には『監視・見張り・調査』という意味ももちますが、感染予防対策として行うサーベイランスは、提供される医療やケアによって発生する感染（症）を、継続的に監視する一連の活動を言います。医療安全部門や感染管理部門がこのサーベイランスを担当している施設が多いようです。

サーベイランスを普段から継続的に実施することで、集団感染の徴候を早期に発見し、早期に対処することが可能になり、被害を限局化することができるとされています。

また、感染対策のサーベイランスは全国的な規模でも行われています。平成26年度から診療報酬感染防止対策加算1の施設基準で外部サーベイランスへ参加していることが必須事項となりました。

77

栄養管理委員会

髙﨑美幸

医療法人社団三喜会鶴巻温泉病院栄養サポート室室長

1 栄養管理委員会とは

栄養管理委員会は、食事療養の計画的、合理的運営と食事の質的向上、各部門との連絡調整等を目的として設置・運営される組織です。

食事療養は、各部門の協力・理解のもとではじめて成り立つものであり、委員会のメンバーは、医師、看護師、管理栄養士、栄養士、調理師、事務担当者等、多職種から構成されます。栄養管理委員会は、法令で設置が義務付けられています。定期的に開催（例えば月1回）し、検討された内容について記録をとり、保存（3年以上）しておくことが必要です。ただし、栄養管理上必要な会議が行われていれば、特に名称にこだわるものではないとされていますので、病院・施設により、「栄養管理委員会」の他に、「栄養委員会」「給食委員会」などの名称を用いているところもあります。

過去においては、病院内の栄養士業務は給食提供に重きを置かれていたため、委員会での検討事項は給食提供や患者の食事サービス向上に関することが主体でした。院内約束食事箋の検討、嗜好調査や残食量調査結果の共有、検食簿の記入率および内容の検討、イベントメニューの検討、患者食の食事オーダー手順や締切時間などがこれにあたります。近年、「食」の部分だけでなく、入院患者に最良の栄養療法を提供するために患者の栄養状態の評価など、「人」を対象とした栄養管理の議題について取り上げられることが増えています。また、栄養委員会とNST（下記参照）がコラボレーションをしている病院が多数あります。

2 栄養管理委員会で用いられる医療用語

▶栄養サポートチーム（NST）：

栄養サポートチーム（NST：Nutrition Support Team）とは、職種の壁を越え、栄養サポートを実施する多職種の集団（チーム）を指します。栄養サポートとは、基本的医療のひとつである栄養管理を、症例個々や各疾患治療に応じて適切に実施することです。NSTは1960年代の中心静脈栄養（TPN）の開発普及とともに誕生し、欧米を中心に世界各地に広がりました。日本では、1998年のPPM方式（持ちよりパーティー方式/兼職兼務システム）の考案により、全国の医療施設で導入されるようになりました。2006年4月の診療報酬改定で栄養サポートチーム加算が新設され、多くの病院でNSTが立ち上がっています。医療法上、医師以外の職種に医療的指示を出す権限はほぼないため、NSTからの提言は、主治医の治療方針に活かされることが期待されます。

▶嗜好調査：

患者の好みや現在の食事に対する不満等を知ることで、献立内容や調理方法等の食事に関する様々なことを見直し、患者の食事満足度向上させることを目的とする調査です。

▶残食量調査：

残食量調査は、患者嗜好の傾向を把握し、新規メニュー立案や既存メニュー改善に役立て、患者満足に貢献するために行う調査です。配膳された全体量に対する残菜総量をみるものであり個人対応には不向きです。

▶検食：

検食には、2つの意味があります。

1. 集団給食施設において施設管理者や栄養士が給食の内容を栄養面・衛生面・嗜好面から検査するために試食するもの。検食の結果は検食簿に記録し改善の資料とします。検食時間は、食事提供前であることが重要です。

2. 集団給食施設や弁当業などにおいて衛生検査用に保存される食品。この意味の検食は集団給食施設では「保存食」といいます。なお、「保存食」には長期間の保存が可能な食品を意味する場合もあり、用語の混乱を防ぐため「検査用保存食」と呼ぶこともあります。「大量調理施設衛生管理マニュアル」によれば原材料および調理済み食品を食品ごとに50gずつ清潔な容器に入れ摂氏マイナス20度以下の状態で2週間以上保管することとされています。食中毒が発生した場合には、原因となった食品と物質を特定するため、保健所に提出する必要があります。

▶チーム医療：

チーム医療とは、1人の患者に複数のメディカルスタッフ（p.81参照）が連携して治療やケアにあたることです。異なる職種のメディカルスタッフが連携・協働し、それぞれの専門スキルを発揮することで、入院中や外来通院中の患者の生活の質（QOL）の維持・向上、患者の人生観を尊重した療養の実現をサポートしています。NSTが代表的ですが、他にチーム医療で大きな治療効果や予防効果をもたらす組織として、褥瘡対策チーム、摂食嚥下リハビリテーションチーム、呼吸療法チーム、感染対策チーム、生活習慣病対策チーム、フットケアチーム、認知症対策チーム、口腔ケアチームなどが挙げられます。

▶約束食事箋：

施設内の食事提供の約束事をまとめたもの。食種、成分一覧表、食品構成表などが掲載されています。日本人の食事摂取基準は5年ごと、各学会の食事療法ガイドラインは随時、見直しが行われており、自施設の状況に合わせて、定期的に改訂されるべきものです。

▶入院時食事療養費：

入院期間中の食事の費用は、健康保険から支給される入院時食事療養費と入院患者が支払う標準負担額でまかなわれます。入院時食事療養費は、療養費となっていますが、保険者が被保険者に代わって医療機関にその費用を直接支払うこととなっており、患者は標準負担額だけを支払うことになります。1日の標準負担額は、3食に相当する額が上限で1食あたり～平成28年3月　260円/食、平成28年1月　平成30年3月260円/食、平成30年4月～460円/食です。低所得世帯の人および市町村民税の非課税世帯に属し、かつ所得が一定基準に満たない方（70才以上の高齢受給者に限る。）については、標準負担額の軽減措置があります。「健康保険限度額適用・標準負担額減額認定申請書」に被保険者証と低所得の証明書を添付して、全国健康保険協会の都道府県支部に提出します。交付された「健康保険限度額適用・標準負担額減額認定証」を医療機関窓口に提出いただくことで、減免となります。

▶アルブミン値（Alb）：参考基準値　3.8～5.3g/dl

血清アルブミンは、血清総蛋白の50～70％を占め膠質浸透圧の維持、生体内部質や薬剤の運搬に重要な役割を果たしています。アルブミンは、肝臓で合成されることから、肝実質障害や体内蛋白代謝異常の重要な指標です。一般にAlbが高ければ栄養状態が良い、低ければ悪いといわれますが、Alb増減の理由は栄養状態以外にもあることから、栄養状態の指標として適さない場合（炎症反応の高い時など）もあります。

患者サービス推進委員会

髙﨑美幸

医療法人社団三喜会鶴巻温泉病院栄養サポート室室長

1 患者サービス推進委員会とは

病院内の各部門等が連絡協調を図り、業務の円滑な処理および効率的な病院運営を確保することにより、病院を利用する患者および患者の家族等へのサービスの向上に資することを目的とした委員会です。

委員会で行う内容は、①職員の患者等対応サービスの向上に関すること。②患者等の院内活動にかかるサービスの向上に関すること。③患者等からの苦情・意見の収集および対応に関すること。④ボランティアの受入れおよび活動内容等に関すること。⑤接遇に関すること。⑥地域活動に関すること。⑦療養環境の改善に関すること。⑧その他医療サービスに関すること。と多岐に渡りますが、③以降の項目については、別の組織（委員会等）で対応している施設もあります。

委員会の名称については、「患者サービス向上委員会」「サービス改善委員会」「患者サービス委員会」など病院ごとに様々な名称が用いられています。

この委員会の活動内容には、明確な定義はありません。直接的な診療以外の部分でのサービス改善を図る組織であるので、「患者および職員からのサービス改善のための意見、苦情を収集」重視で、待ち時間の調査や院内の投書（ご意見箱）や患者満足度調査に力を入れている施設や院内年間行事（クリスマス会、七夕など）やイベント（コンサート、地域公開セミナーなど）に重きを置いている施設があります。

直接的な病院収入に結びつく活動ではありませんが、患者満足度や職員のモチベーションに繋がることで、「人が集まる」という副次的な効果が期待できます。委員会活動を成功させるためには、委員会の構成メンバーは、事務系に偏るのではなく、病院全体から各部署の代表（医師、メディカルスタッフ、事務職員など）として選出され、個々人が役割を果たす事が大切です。

2 患者サービス推進委員会で用いられる医療用語

▶患者満足度：

「患者満足度」という言葉は、一般の企業やサービスで用いられる「顧客満足度」から派生している言葉です。「顧客満足度」は「CS（Customer Satisfaction）」とも言われますが、同様に「患者満足度」も「PS（Patient Satisfaction）」とも表されます。医療行為と、一般企業のサービスの価値を同じように判断できるではありませんが、治療に協力してもらうには、患者の不満と不安を取り除き、心を開いてもらわなければなりません。その意味で、病院が持っている力を100％発揮するために、〝患者サービス〟の概念が必要であり、患者満足度は、医療行為がその目的を達成するためには無視することのできない重要な指標だといえます。

▶患者満足度調査：

病院経営改善を目指した患者指向経営を実現するためのツールとして、患者満足度調査が挙げられます。集計後に統計的な処理を行えるよう、数値評価を基本としたアンケート調査が使用されるケースがほとんどのようです。一般的に待ち時間（会計、診療、採血）に対する不満が多いようです。外来と入院の別に各病院で項目を設定し、聴取します。一般的に外来では、待ち時間（会計、診療、採血）、入院では、院内の環境や設備・食事に対する不満が多いようです。

巻末資料

▶診療前待ち時間と会計待ち時間：

　診察前の待ち時間の長さは、患者不満足につながる要素として医療機関にとって長年の課題となっています。予約制の導入や電子カルテによるシステム化など、多くの医療機関が待ち時間短縮のために対策を行っていますが、うまく機能していないのが実情のようです。診療前の待ち時間は30分を超えると不満に繋がるという調査結果があります。「待ち時間対策」を目的別に分類して取り組むと整理しやすくなります。①直接的待ち時間対策：待合室に滞在している時間そのものを短くする方法、②間接的待ち時間対策；待っている時間を様々な工夫で飽きさせないようにする対策、③人為的待ち時間対策：職員の患者への声掛けの配慮等でストレス低減を図ろうとする発想、④機械的待ち時間対策：予約システム、順番表示モニターなどの導入による新機軸のいずれか、もしくは組み合わせることにより、実現可能な対策を考えることが大切です、会計待ち時間に関しては、診療が終わった後、会計でも待つのはストレスを感じる方が多く、終わりよければ印象が良くなる傾向もあるので、時間短縮の改善ポイントのターゲットとして適しています。

▶メディカルスタッフ：

　医師以外の医療従事者のこと。看護師・薬剤師・歯科衛生士・理学療法士・作業療法士・管理栄養士など。

　英語圏では paramedic（パラメディク）または「paramedical staff」と呼ばれ、以前は、日本でも英語にならって「パラメディカル」「パラメディカルスタッフ」との呼称が用いられていました。接頭辞の "para-" は「補足する」「従属する」という意味であり、パラメディカルは医師の補助をする職種を指すことになり、医師以外の関係スタッフを卑下した呼称だと排除の流れとなりました。1980年代に、「協同」を意味する接頭辞の "co-" を用いた「コ・メディカル」（co-medical、和製英語）との呼称が定着しました。通例は医師・歯科医師以外の看護師を含む医療従事者の総称として用いられますが、国語辞典『大辞林』（三省堂）によると、「コメディカルスタッフ」は「医師・看護師以外の医療従事者」の意とされています。最近では、「コ・メディカル」という言葉には、①職種の範囲が不明確、②「喜劇（comedy）」の形容詞（comedical）と誤解する可能性、③上下関係を暗示するなどの問題点がある。と指摘され、日本癌治療学会等では、「コ・メディカル」の使用を原則自粛し、「看護師」「薬剤師」などの正式名称を使用するよう通知しています。接頭語を外した「メディカルスタッフ」を用語として用いることも多くなっています。

▶投書箱：

　患者及び家族等の意見・要望を把握するため、入院患者・外来患者を対象としたアンケートのほか、院内に投書箱を設置している病院が多数存在します。寄せられた意見は、定期的に回収・集約を行い、意見・要望は、内容の解析とともに、施設としての対応を併せて回答したものを、院内掲示等でフィードバックしていきます。

▶医療接遇：

　医療接遇とは、目の前にいる患者が何を求め、何をしたいと望んでいるのか推察し、患者さんの喜びや不安、痛みや苦しみを想像して、その気持ちに寄り添い応えるために行動すること。医療者であれば誰もが持っている「患者さんに対する思いやりの心」は、存在していても患者さんには見えていません。

　目に見えない「おもてなしの心」「思いやりの心」を見えるようにする方法が礼儀（マナー）です。

　患者の命を預かる医療の現場では、一般社会で求められる以上の接遇マナーが必要となります。高度な医療技術や医療知識は患者さんとの信頼関係があってこそ活きるものであり、信頼関係を築く基本となるのが医療接遇です。そして、医療接遇の思いは実際に行動にして初めて患者に伝わります。忙しい医療現場ではありますが、気持ちを込めて寄り添うことのできる職員が病院の宝になるはずです。

診療情報管理委員会

瀬戸僚馬
東京医療保健大学医療保健学部医療情報学科准教授

1 診療情報管理委員会とは

　診療情報管理委員会とは、診療記録を適切に管理するとともに、その有効活用を図る委員会です。診療報酬制度では、入院患者に対しては退院時要約（退院サマリー）を作成することが求められており、診療科別記載率を共有することにより、記載促進を図ることも同委員会の役割です。また、診療記録開示（カルテ開示）の請求があった場合に、その開示の可否を判断するのも同委員会が行うことが一般的です。なお、退院サマリー未記載者への督促やカルテ開示等の実務については、診療情報管理室の診療情報管理士が担当することが多いといえます。昨今では、同室において医療の質に関する指標（臨床指標、クリニカル・インディケータ）を集計し、院内で共有したり、その一部はウェブサイト等を通じて患者にも公開する病院が増えてきました。これらの指標の項目について議論することも、診療情報管理委員会の役割として重要視されています。

　診療情報管理委員会の長は、医師が務めることが多く、これは退院サマリーの記載率が低い診療科への注意喚起など、診療科責任者への指導・依頼が発生することが多いためです。また、診療記録の中では、医師の診療録はもちろん、看護記録などメディカルスタッフが記載するものも重要であるため、看護部門等の管理職も参加することが多くなっています。また、診療報酬制度の中では、診療録への記載を前提に算定できる管理料等も多いため（例：がん患者の外来診療に関して、腫瘍マーカーの値を診療録に記載することが必要なものがあります）、医事部門の参加も重要です。同委員会の事務局は診療情報管理室が担当することが一般的であるため、上席の診療情報管理士も委員会に出席します（なお、診療情報管理室長は、病院によって、診療情報管理士が就く場合、同委員会の長を務める医師が兼務する場合など、複数の形態がみられます）。

2 診療情報管理委員会で用いられる医療用語

▶手術記録／麻酔記録：

　多くの手術は、外科系の医師が執刀医となって手術に専念するとともに、麻酔科医が麻酔と全身管理（手術を進行できるように呼吸や循環を維持すること）を担当するという役割分担で進められます。このため、手術に関する医師の記録としては、執刀医が切開から縫合までの詳細な手術内容を記載した手術記録と、麻酔科医が全身の状態について記載した麻酔記録の、2種類が作成されます。なお、手術室への入室から術後に病棟等に引き渡されるまでの患者状態の一部は、手術室看護記録に記載されることもあります。

▶カルテ開示

　カルテ開示とは、患者の求めに応じて、診療記録（医師法に基づいて作成・保管される医師の診療録と、医療法に基づいて保管される手術記録や看護記録等の総称）を、当該患者に開示することです。医師には、インフォームド・コンセントを得るために診療内容を患者に説明する裁量権があるため、その一環としてカルテ開示を行う場合は厚生労働省の「診療記録の開示に関する指針」を根拠に開示手続きが進められます。また、これに依らず個人情報保護法を根拠として、患者が保有個人データの開示請求権を行使する形でカルテ開示を求めることも可能です。いずれの場合も、診療情報管理委員会での審議を経た上で開示の可否を判

断することが一般的です。

▶医療の質

医療の質は、ドナベディアンの定義をもとに「構造（ストラクチャー）」「過程（プロセス）」「成果（アウトカム）」で表現することが多いといえます。構造は人員や設備など医療を提供するために必要な要素を示し、過程は患者数や手術件数など診療活動の実績を示し、成果には疾患別の平均在院日数（≒どれだけ早く治療できたかを示す）など診療活動の結果を示します。もっとも、疾病そのものが必ずしも罹患前に戻るという性質のものではない上、過程と成果を厳密に分けにくい指標も多く、成果による評価は決して容易なことではない。

▶褥瘡発生率／褥瘡持込率

よく用いられる臨床指標の1つです。褥瘡とは、同一の肢位が続くことにより組織が圧迫され、その圧迫を解除しても発赤等の炎症が消失しない状態をいいます。悪化すると皮膚が離開してしまうため、疼痛を伴います。また、褥瘡が発生する患者には栄養状態等が悪化しているため、その創傷の治癒に困難を伴うことも多いため、褥瘡に関しては予防を重視し、同一肢位を避けるために体位変換を繰り返すなどのケアが行われます。そこで、看護・介護等のケアの質を測るため、入院時に褥瘡がないのに院内で褥瘡を発生した患者の割合を、褥瘡発生率として表現します（なお、算出式については病院団体等によって細かい差異があります）。

▶胆嚢切除術患者に対する腹腔鏡下手術施行率

胆石症や胆嚢炎の患者に対する治療として、外科的に胆嚢を切除することがあります。この時に、腹部の中央（正中）から切開する術式（開腹手術）と、腹部に小さな穴を開けてそこから腹腔鏡（腹腔に挿入するカメラ）を挿入してモニターを見ながら胆嚢切除を行う術式があります。後者のほうが患者の身体的負担が少ない場合が多いので、その割合が医療の質指標として用いられます。ただし、炎症の程度等によっては腹腔鏡下での手術が困難な場合もあるため、この値が低いことのみをもって診療内容に問題があるとはいえません。

▶脳卒中地域連携パスの使用率

脳卒中とは、脳梗塞、脳出血、くも膜下出血など、脳血管の障害によって生じた疾患の総称です。これらの疾患では、急性期病院での治療を行った後、回復期病院に転院し、リハビリテーション等を行うことが少なくありません。この転院においては、2つの病院で治療方針と患者に関する情報を共有するため、共同診療計画書を作成します。これを地域連携パスといいます。脳梗塞に対する血栓溶解を目的とした組織プラスミノーゲン活性化因子（t-PA）投与などの治療法が普及したこともあり、地域連携パスを活用して早期離床・早期回復を目指す取り組みがより重視されるようになりました。

電子カルテ委員会

瀬戸僚馬
東京医療保健大学医療保健学部医療情報学科准教授

1 電子カルテ委員会とは

電子カルテやオーダエントリシステムの導入や運用管理を担う組織です。システムの導入期には、画面や帳票の様式、院内で用いる用語を定義するマスタ、また運用ルールなど様々な意思決定が発生します。システムの管理責任者である病院長の諮問を受け、または権限を委譲され、このようなシステムに関する調整や判断を行うのが同委員会の役割です。

同委員会の設置は、法令や施設基準で義務付けられたものではありません。しかし、厚生労働省の「医療情報システムの安全管理に関するガイドライン」では、電子カルテなどの病院情報システムを稼働させる病院に、運用管理規程を策定し、その運用管理規程に基づくシステム管理を課しています。これらの審議を行うためには、同委員会は必置といえるでしょう。

電子カルテ委員会では、「注射オーダの締め切り時刻」「造影剤を用いる放射線を依頼する際の腎機能チェック」など、医学知識を要する案件が多く扱われます。また、これらのオーダは、診療報酬とも密接なつながりがあります。このため、医師等の医療従事者や事務職など、多様な職種が就任します。

そこで日本医療情報学会では、2003年に医療従事者が情報処理の知識を持ち、また情報処理技術者が医療の知識を持つことを促進するため、「医療情報技師」の育成と資格認定を始めました。電子カルテ委員会の中で主導的な役割を果たす職員には、職種を問わず、医療情報技師の有資格者が増えています。

2 電子カルテ委員会で用いられる医療用語

▶造影検査：

通常のエックス線検査やコンピュータ断層撮影（CT）では写りにくい場面で、エックス線に写りやすい薬剤を経口もしくは注射で投与し、臓器の形態、粘膜の状態、血管の変化や走行などを把握する検査法。バリウムを経口投与して胃の粘膜を写す「胃透視検査」が代表例。造影剤は人体によって不要なものですので、検査後は速やかに排出される必要があります。造影剤を注射で投与する場合、その造影剤は尿を通じて排出されますので、腎機能が低下している患者には検査を行えないことがあります。このため、造影検査オーダの発行時には、腎機能を入力する画面がよく見られます。

▶処方オーダ／注射オーダ：

医療用医薬品を投与経路別に分けると、内服薬、外用薬、注射薬の3種類に区分することができます。医師が内服薬と外用薬を処方する場合は「処方オーダ」、注射薬を処方する場合は「注射オーダ」を発行するのが一般的です。ただし、糖尿病患者等の血糖値を下げる目的で投与するインスリンに関しては例外が数多くあります。外来患者が自宅でインスリン注射を行う場合は「処方オーダ」で発行することが多く、入院患者でも血糖値によって投与量を変えたい場合は「注射オーダ」を用いずに「スライディングスケール」の画面を用いて指示を出すこともあります。

巻末資料

▶**スライディングスケール:**

　スライディングスケールとは、患者の血糖値を測り、その結果に応じてインスリンの単位数を増減させて皮下注射を行う指示のことです。(なお、インスリンの容量は「ml」や「mg」ではなく、「単位」で表現するのが一般的です。) インスリンの過量投与は、しびれや意識障害などを伴う低血糖発作を招きます。

　また、インスリンは食前に接種することが多く、このため過少投与では食事によって血糖値が上がり過ぎることにもつながります。このため、食前の血糖値を測定し、これに応じた単位数のインスリンを接種することで、適正範囲内にコントロールするという手法が用いられています。

▶**輸血療法:**

　輸血は、血液中の赤血球や凝固因子などの成分が減少した時に、その成分を補充することを目的とした治療法です。そのため、不足した成分ごとの「赤血球液 (RBC)」「濃厚血小板 (PC)」「新鮮凍結血漿 (FFP)」などの製剤が用いることが一般的です。輸血には副作用のリスクがあるため、そのリスクを低減させるため、交差適合試験 (クロスマッチ) などの検査を行った上で投与します。また、整形外科の手術等では、献血者の血液を用いるのではなく、事前に患者自らの血液を採血した上で本人に輸血する「自己血輸血」という手法が用いられることもあります。

▶**交差適合試験 (クロスマッチ):**

　血液製剤と患者血液との間にアレルギー反応が起こるか否かを、あらかじめ試験管内で検査する検査法。不適合輸血は生命に影響を及ぼす重大事故に直結するため、ABO血液型の不適合を検出することはもちろん、不規則抗体 (患者が低頻度の抗体を持っており、かつ、血液製剤にその抗原が存在する) を検出することなども目的です。不適合輸血を防ぐため、血液製剤は固有番号を付して管理し、患者への適合を確認された製剤しか使用することができません。輸血の実施時には、医師・看護師が携帯端末等を用いて血液製剤のバーコードを読み取り、その患者に適合した製剤であることを確認するのが一般的です。

▶**三点認証:**

　三点認証とは、「患者」「医療従事者」「認証対象物」を認証することを言います。例えば注射薬を投与する際に、患者のリストバンド、注射薬のラベル、看護師の名札に印刷されているバーコードを読み込むような例があります。この三点認証は、患者取り違いを防ぐだけではなく、中止や変更になった注射薬の投与を防ぐなど、様々なエラーを防ぐ役割があります。注射薬、採血 (採血は臨床検査技師が行うことも増えています)、輸血などで用いられます。

▶**締め時間:**

　注射や給食等を準備する場所 (薬剤部や栄養部等) から患者に提供する場所 (病棟等) が離れている場合、運搬が発生するため、その指示 (オーダ) を入力する期限を設定することが一般的です。この期限を「締め時間」といいます。薬剤部の場合1日に1回の締め時間を設定し、栄養部の場合は1日3食ですので3回の締め切り時間が設定されます。この締め時間後に各部門はオーダの取り込みを行って調剤や調理を行いますが、患者の病状変化等によって締め時間後に追加・中止・変更が生ずることもよくあります。

●著者紹介

上塚芳郎（うえつか・よしお）

東京女子医科大学附属成人医学センター所長、特任教授

1977年北里大学医学部卒業。2001年米国ハーバード大学公衆衛生大学院修士（MPH）取得。1977年から循環器医療に従事。1987年一時父親の開業していた診療所の開設者を経て、1997年東京女子医科大学医学部循環器内科学講師、2005年より東京女子医科大学医療・病院管理学教授。厚生労働省の医療機器の流通改善に関する懇談会委員、社会保険診療報酬支払基金審査員などを歴任。2017年4月より現職。主な著書に『臨床薬剤経済学』（篠原出版新社）、『成人看護学〈3〉循環器疾患患者の看護（系統看護学講座）』（医学書院）、監訳に『心臓の声を聴け：患者とつむぐ心臓病と癒しの物語』（創元社）など多数がある。

●巻末資料・執筆者紹介

瀬戸僚馬（せと・りょうま）

（経営会議、保険委員会、診療情報管理委員会、電子カルテ委員会 執筆）

東京医療保健大学医療保健学部医療情報学科准教授

国際医療福祉大学大学院医療福祉学研究科修了、博士（医療福祉経営学）。津久井赤十字病院（現・相模原赤十字病院）での臨床、杏林大学医学部付属病院での情報システム担当を経て現職。第13回日本医療情報学会看護学術大会・大会長（2012年）、第16回日本クリニカルパス学会学術集会・副プログラム委員長（2015年）などを歴任。保健師・看護師・診療情報管理士・上級医療情報技師育成指導者。主な編著書に『医療ITシステム』（日本医療企画）、『医師事務作業補助 実践入門BOOK〈増補版〉』『医師事務作業補助マネジメントBOOK―システム構築から運用管理、教育・指導まで 完全活用マニュアル』（いずれも医学通信社）、『師長のための看護助手・医療クラーク協働ハンドブック』（日総研出版）などがある。

若林　進（わかばやし・すすむ）

（薬事委員会 執筆）

杏林大学医学部付属病院薬剤部医薬品情報室担当

1993年東邦大学薬学部卒業後、杏林大学医学部付属病院へ入職。1998年より医薬品情報室担当、2013年よりHIVチーム兼担となり現在に至る。医薬品情報専門薬剤師、医療情報技師、スポーツファーマシスト、レギュラトリーサイエンスエキスパート（PV分野）、東京薬科大学客員講師、日本医薬品情報学会理事。主な著書に『医療ITシステム』（日本医療企画）、『医薬品情報学 第4版』（東京大学出版会）、『医療情報 第5版 医療情報システム編』（篠原出版新社）、『薬学生・新人薬剤師のための処方解析入門』『信頼される薬剤師の行動マナー』（いずれも薬ゼミ情報教育センター）、『糖尿病 あなたに合った治療（別冊NHKきょうの健康）』『心臓・血管の病気 診断と治療が詳しくわかる（別冊NHKきょうの健康）』（いずれもNHK出版）など。

高田敦史（たかだ・あつし）

（医療材料委員会 執筆）

九州大学病院メディカルインフォメーションセンター薬剤師・上級医療情報技師

広島大学医学部総合薬学科卒業。九州大学病院薬剤部で臨床業務（調剤係、薬品情報係、薬務係）を経て現職。平成29年度日本病院薬剤師会学術第3小委員会委員。

山下小百合 （やました・さゆり）

（リスクマネジメント委員会 執筆）

公立福生病院看護部看護科長、認定看護管理者

産能大学経営情報学部経営情報学科卒業、学士（経営情報学）。国際医療福祉大学大学院医療福祉学研究科修了、修士（保健医療学）。東京医科大学八王子医療センター、医療法人社団永生会衛生病院、医療法人社団珠泉会、東京海上日動メディカルサービス・メディカルリスクマネジメント室研究員、杏林大学医学部付属病院医療安全管理室・専従リスクマネジャーを経て、現職。2008年日本看護協会認定看護管理者認定資格取得。東京保健医療大学医療情報学科、西部文理大学看護学部、東京都都立青梅看護専門学校において医療安全管理学兼任講師を務めた。

小美濃光太郎 （おみの・こうたろう）

（感染対策委員会 執筆）

公立福生病院医療安全管理室主査、感染管理認定看護師

公立福生病院の外科病棟、手術室などで看護師として従事。2012年日本看護協会感染管理認定看護師認定資格取得、院内感染管理者として専従で感染管理を担当。一般社団法人東京精神科病院協会府中看護高等専修学校非常勤講師。2017年より現職。

髙﨑美幸 （たかさき・みゆき）

（栄養管理委員会、患者サービス推進委員会 執筆）

医療法人社団三喜会鶴巻温泉病院栄養サポート室室長

多摩大学大学院経営情報学研究科修士課程修了、名古屋栄養短期大学食物栄養科卒業。修士（経営情報学）、臨床栄養師、在宅訪問管理栄養士、NST専門栄養士、NRサプリメントアドバイザー、人間ドック健診情報管理指導士、静脈経腸栄養（TNT-D）管理栄養士。増子記念病院、日清医療食品㈱名古屋支店・業務本部、老人保健施設しらさぎ、東葛クリニック病院を経て現職。日本健康・栄養システム学会理事、日本在宅栄養管理学会理事、日本静脈・経腸栄養学会学術評議員、日本クリニカルパス学会評議員。主な編著書に『透析患者の食事指導ガイド』（メディカ出版）『すぐに使える栄養管理事例50』（日本医療企画）、『在宅リハビリテーション栄養』『実践リハビリテーション栄養』（いずれも分担執筆・医歯薬出版）などがある。

◎表紙デザイン／もりまさかつ
◎本文デザイン＆DTP／株式会社明昌堂
◎本文イラスト／佐藤加奈子
◎企画協力／長　英一郎／山本康弘／園田幸生／
　　　　　　小川輝史／川元　功／木村由起子／
　　　　　　寺本了淳／中脇都志子／栁澤孝彰／
　　　　　　山浦康弘／山田竜也

「医療経営士」基礎力UP講座
医療経営士が知っておきたい医学の基礎知識

2017年11月1日　初版第1刷発行

著　　　者　上塚芳郎
発 行 人　林　諄
発 行 所　株式会社日本医療企画
　　　　　　〒101-0033　東京都千代田区神田岩本町4-14
　　　　　　神田平成ビル
　　　　　　TEL 03-3256-2861（代）
　　　　　　FAX 03-3256-2865
　　　　　　http://www.jmp.co.jp
印　刷　所　図書印刷株式会社

©YOSHIO UETSUKA 2017,Printed in Japan
ISBN978-4-86439-625-7　C3034　定価は表紙に表示しています。
本書の全部または一部の複写・複製・転訳載等の一切を禁じます。
これらの許諾については、小社までご照会ください。